フェティッシュとは何か

——その問いの系譜

ウィリアム・ピーツ著　杉本隆司訳

The Problem of the Fetish I, II, IIIa

William Pietz

以文社

フェティッシュとは何か——その問いの系譜　目次

装幀　近藤みどり

カバー写真　アルベルト・ジャコメッティ「見つめる頭部」一九二九年、ジャコメッティ・ファンデーション蔵（写真提供：Bridgeman Images／アフロ）

※帯のデヴィッド・グレーバー『資本主義後の世界のために』（以文社）からの抜粋は、本書の訳を尊重し、適宜修正を加えてあります。

凡例

一、傍点は原則として原文がイタリックであることを表す。
一、文中の（　）、［　］はどちらも著者自身の補足を表す。
一、文中の〔　〕内は訳者による補足を表す。
一、原注は＊1、＊2と表記した。訳注は†1、†2と表記し、脚注にした。
一、すでに翻訳のある著作の訳文を借用した場合には文中に明示し、邦訳を挙げていない引用については訳者による私訳である。

フェティッシュとは何か

——その問いの系譜

第一章
ヨーロッパ思想におけるフェティッシュ概念

「ところで私見によれば、その用法があまりに乱雑なために、これまで途方もない損害を与えてきた言葉が一つある。それは〝フェティッシュ〟という言葉だ。その言葉の由来と西アフリカへ持ち込まれた際の経緯についてはよく知られており、私がここでそれを繰り返すには及ばないだろう」

――R・S・ラトレイ『アシャンティ族』(一九二三年)

「歴史的な対象の一切はフェティッシュである」

――モーリス・メルロ＝ポンティ『見えるものと見えざるもの』草稿(一九六四年)

〝フェティッシュ〟とは、つねに不吉な語源をもつ言葉でありつづけてきた。どこまでも乱雑ではあるが、理論的には示唆に富むこの言葉はいわくつきの代物とされ、その意味を取り込んで管理しようとしてきた人文諸科学にとって長いこと〝悩みの種〟でありつづけた。[*1] しかし、原始《プリミティヴ》宗教を研究する人類学者、政治経済学を研究する社会学者、性的倒錯を研究する精神医学者、そしてモダニズム美学を研究する哲学者たちは、概念的に疑わしいとか出どころが不確かであるとか証言しながらも、この言葉を使いつづけ、決して手放そうとはしなかった。この言葉の使い方はいつもや〝見境のない〟ものであり、いつの間にかありえないような一般理論――メルロ＝ポンティの実験的な提言のように――にまでなってしまう危険をつねに孕んできたように見える。しかし、〝フェティッシュ〟に対する学際的な関心が実際にはどこにあるかと言えば、それはコントやマルクス、フロイトのような主要な思想家たちにとってこの言葉が必須の包括的な理論用語であったように、まさしくこの言葉の驚くべき歴史のなかにある。

本章の目的は、その歴史をくまなく調査する前に予備的な議論を提供することにある。最初の調査はフェティッシュという言葉の起源、そしてそれが対象として歴史的に意味を担うようになった端緒についてまずは知ることから始めなければならない。最初に私のテーゼを示しておこう。すなわち、フェティッシュとはそれが観念や問いの対象となり、そしていかなる優先的な個別社会にも属さない新奇な対象になったという点で、十六世紀から十七世紀にかけての西アフリカ海岸の文化交差的な空間に由来するものだということである。もちろん、この起源は決してなんの前提条件もないわけではない。私は、*Fetisso* というピジン語の発生を経たこの時代の新たな社会的展開のなかにフェティッシュの起源があると論じるつもりだが、この言葉自体には言語的・付随的な概念的系統があるわけで、その系統を遡行することは当然可能である。*Fetisso* という言葉はポルトガル語 *feitiço* に由来し、その言葉は中世末期には、しばしば無邪気にも素朴で無知な階級が行う〝魔術的風習〟ないし〝妖術〟〔witchcraft〕を意味していた。[*2] さらにこの *feitiço* 自体も、ラテン語の形容詞 *facticius* から派生したもので、その本来の意味は〝造られた〟であった。フェティッシュを歴史的に調べるなら、まずはある程度細かいところまでこれらの言葉を掘り下げることから始める必要がある。次いで、主にアフリカ海岸に *feitiço* が最初に適用されてから、段階的に *Fetisso* へと変化を遂げていった点を精査し、最後にこの用語が文字として北ヨーロッパの諸言語——この用語の各国語ヴァージョンは十七世紀に発達する——にどのように広がっていったのかを検討しなければならない。そしてフェティッシュの起源に関するこの研究は、十八世紀初頭のウィレム・ボスマンの著作〔の検討〕をもって終えることになる。というのも、十八世紀の知識人たちがこの概念を原始《プリミティヴ》宗教に関する一般理論に組み込む際に、彼らの依拠したフェティッシュのイメージや着想を提供したのがその著書『ギニア海岸詳説記』だからである。[*3] この啓蒙の一般理論は、ピエール・ベールからド・ブロスへと発展を遂げていくなかでその理論が形成され、十八世紀末の啓蒙思想家《フィロゾーフ》たちに受容されていった点で、フェティッシュの歴史の第二期を画している。十九世紀になると多くの通俗的・社会的な学問言説にこの概念が浸透することになるが、スパンの長い第三期はこの概念の普及という点によって特徴づけることができる。そして、黎明期には多種多様であったフェティッシュ言説を一つに統合しようとする二〇世紀の理論言説は、この思想史の最後の展開として見なすことができよう。

その後の歴史的議論のために適切な準拠点を打ち立てるには最初に見取り図が求められるように、概念史に対する関心も、その理論的な資質としてまず求められるのは、〝フェティッシュ〟という言葉によって名指される問題の性質をあらかじめ考察することである。

第一節　フェティッシュの問い

言葉自体の意義を重視する歴史的なアプローチを採る場合、普遍主義的議論と特殊主義的議論という対立する二つのアプローチが存在するが、どちらにしてもフェティッシュはそれ自体独特な意味をもった固有の対象として簡単に片づけられてしまっており、この二つのアプローチには私は反対である。特殊主義的議論でいえば、私がまず目を向けたいのは、さまざまな非西洋社会の宗教社会学的な慣習や遺物の本当の意味を覆い隠す堕落物として〝フェティッシュ〟を片づけようとする民族学者のそれである。たとえば、R・S・ラトレイは「アカン語圏のアフリカ人が〝スマン〟〔suman〕――これは完全に〝フェティッシュ〟の代用語であると私は考えたい――と呼んでいるもの」[4]について論じているのだが、まさに彼の立場がそれにあたる。こうした議論は、〝フェティッシュ〟のような言葉を記述対象となっている特定社会に根ざした術語へと引き写すことによって、植民地時代に非難された民族学的テクストを焼直すようなやり方を今もなお正当化し続けているからである。[5] このやり方は、原始《プリミティヴ》社会のユニークな文化をその自己完結化したありのままの姿で再構築しようとする際に、これらのテクストがもっている歴史的・文化交差的な身分を看過しているのである。ただその一方で、植民地時代のテクストやそれ以前の探検記などを、根本的に異質な世界との思いがけない遭遇からもたらされた目新しい産物として研究することは可能である。描写の記録としては、それらはしばしば空想的なものだが、そうであるがゆえに社会的意識の新たな形態を独自に定めようとした痕跡としてみなすこともできるからである。同様に、ピジン語 *Fetisso* も、それがアフリカ西海岸という文化交差的な空間で発展を遂げた以上、各種のアフリカの言葉の誤った訳語とみなすべきなのか、あるいはそれ自体で何らかのもの、つまりまったく前例のない状況に対応した目新しい言葉とみなすべきなのか、ということである。

　フェティッシュの特性を普遍主義によって片付けようとする議論のほうは、経験主義的で心理学的なものになるか、あるいは哲学的で分析的なものになるかのどちらかになりがちである。心理学的な普遍主義者たちは、いわゆる普遍的人間性、つまり男根のシンボリズムを特権化しようとする人間の持つ性質にフェティシズムを組み込もうとする。[*6] 分析哲学者もまた、論理類型の実体化と誤謬の一般的範疇のなかにフェティッシュ化〔fetishization〕の概念を組み入れようとする。[*7] フェティッシュに関する言説には〝当初から〟著しく性的な特徴があったのは確かだとしても、フェティッシュの究極的な指示対象は男根であるという考えがはっきり語られるようになったのは、十九世紀末のことにすぎない。むしろ最初期のフェティッシュ言説は妖術と、女性の性衝動の規制に関係していたからである。実体化の論理的誤謬（ホワイトヘッドのよく知られた言葉でいえば、〝抽象を現実と置き違える虚偽〟）のような哲学によるフェティッシュの棄却に関しても、フェティシズム言説とはそれまでの哲学的伝統とは対立して完全に相いれない理論的な唯物論が明確な表現として登場しはじめた端緒を示すものであることを、これから論じていくことにしたい。[*8]

最後に、普遍主義的であると同時に歴史的でもある片づけ方がある。それは、フェティッシュに関する言説は偶像崇拝に対する伝統的なキリスト教的議論の単なる延長に過ぎないというものだ。偶像とフェティッシュの関係や、キリスト教に内在するその他の偽物（偶像崇拝）の観念とフェティシズム概念の関係は、歴史的研究によって詳細に議論されねばならない複雑な問題である。偶像崇拝の観念に単に接ぎ木したものを指しているどころか、フェティッシュという独自の観念の出現は、まったく特殊な歴史的条件と社会的力学のもとに、それ以前の言説の正当性からの断絶を表しているからである。

　この目新しい状況は、西アフリカ沿岸の住民たちの文化交差的空間（とりわけミーナ海岸〔ガーナの都市エルミナ〕として知られる地域）の形成とともにはじまった。この空間は、まったく異なる社会体制間で物財を移動させたり、物財の価値を変化させる機能を果たしてきた。とりわけ、この第一章に続き、歴史的に複雑多岐である続編で詳述するように、数世紀にわたってしぶとく存続してきたこれらの空間は、キリスト教封建制、アフリカの氏族制《リネージ》、そして商業資本家的社会システム*9という三点のトライアングルを形成してきた。そしてまさにこの状況の中から、宗教的価値、商業的価値、美学的価値、そして性的価値を――通時的かつ共時的に――統合する物的対象の包容力をめぐる新たな問いが浮上してきたのである。それゆえフェティッシュの起源に関する私の議論はこうだ。すなわち、フェティッシュとは、まったく異質な二種類の非資本主義社会が文化交差的状況の進行していくなかで互いに遭遇し、この二つの社会的価値と宗教的イデオロギーに則って、あるいはそれらに逆らって規定された商品形態のイデオロギーの明確な登場と結びついた時に、はじめて誕生したものである、と。このプロセスは、その言葉が中世末期のポルトガル語 *feitiço* を起点として、十六世紀のアフリカ海岸のピジン語 *Fetisso* へ、そしてオランダの探検家ピットル・ド・マレースの一六〇二年の文献〔『ギニア黄金王国』〕を介して北ヨーロッパ諸国のさまざまな訳語へと展開していったように、言葉自体の歴史のなかに刻み込まれている。

　このようにフェティッシュは、完全に異質な社会システムとの遭遇が生んだ状況のなかに出現した物的対象として、この対象の社会的価値の問題群から生じただけでなく、この問題群にとってつねに特殊なものであり続けてきた。それゆえフェティッシュの概念史研究は、この言葉を受容してきたさまざまな言説や学問を介して根強く存続しているこうしたテーマの出どころを突きとめていくことが、その研究の指針となるだろう。この研究の仕方は、典型例の現場として〝フェティッシュ〟の歴史的用法を調査することにあるので、当該の〝文献記録〟それ自体よりも優先される（あるいはそれ以外の）なんらかの規範だとか真相がこの事例から例証されるわけではない。その見立てによれば、フェティッシュとはどこまでも歴史的な対象であり、まさしくその個々の特殊な用法をひとまとめにしたものにほかならないからである。とはいえ、あらゆる言語がそうであるように、個々の用法は全体的な歴史的現実のなかに埋め込まれ、そのなかで作動しているわけで、フェティッシュ言説に頻出する諸テーマからフェティッシュの予備的な理論モデルを構築するための規範を、フェティッシュの問題群が有する歴史的特殊性から手に入れることは可能なのである。

フェティッシュ概念に本質的であると見なしうる第一の特徴は、フェティッシュ的対象の還元不可能な物質性にある。フェティッシュの事実性は物質に具象化されているその状態にあり、これは偶像のそれとは異なるものである。なぜなら偶像の事実性は、それがなんらかの非物質的な原型ないし実体と図像的に類似しているという、その関係性にあるからである。中世ポルトガル語の *feitiço* と *idolo* が原理的に区別されていた理由の一つがこれであった。一七五七年にフェティシズムという言葉を生み出したシャルル・ド・ブロスにとっても、フェティッシュとは本来的に物質的かつ地上の実在物であり、それゆえフェティシズムは天体崇拝とは区別されていた（天体の事実性は、自然物自体への直接崇拝というよりも、自然の合理的秩序に関する一種の原《プロト》＝理神論的暗示にあった）。ヘーゲルにとっては、フェティッシュというアフリカ文化はまさに歴史以前の段階を表している。なぜなら、厳密にいえばフェティッシュとは、理念に加わることに失敗した精神——フェティッシュの自然的物質性を超えて事実を否定したり、止揚したりする経験を決してもちえない精神——の対象だからである。[*10] マルクス主義の商品フェティッシュも、精神分析学の性愛的フェティッシュも、芸術オブジェとしてのモダニズムのフェティッシュも、すべて本質的な意味において、対象の非超越的な物質性を伴っている。

同じく重要な第二の特徴は、唯一性と反復というテーマに関わっている。一度きりの創造的な出来事を固着・刻印することによってもともと異質な諸要素を新種のアイデンティティに集約させる点で、フェティッシュはその身分に由来する統制力を有している。例えば、マクガフィーは「フェティッシュとは常に複合的な要素からなる創作物」だと強調している。[*11] しかし、フェティッシュによって一つのアイデンティティに収容された異質な諸要素は物質的なエレメントに限らない。儀礼を構成する願望・信仰・物語構造もまた、フェティッシュによって確定（ないし固着）されるわけで、厳密にいえばフェティッシュの力とは、いくつかの異質な事物間の接合関係を統一し、それを固定させる原初的行為を反復する力なのである。

原始《プリミティヴ》フェティッシュの性格に関して、十五世紀から十九世紀までの文献に最も共通してみられる記述の一つは、おそらく「最初の遭遇」論と呼ばれるものである。フェダ王国に関するボスマンの主要な情報提供者[*12]は、自分の部族がどれくらいの数の神々を崇拝しているのかを訊かれた際に、こう答えている。

「自分たちの神々は無数にあって数えきれないほどである。なぜなら――彼が言うには――われわれは誰しも何か重大なことに取り掛かろうとする場合、まずはその計画を成功させてくれそうな神を探そうとする。すなわち、こうした腹積もりで家を出て、最初に目に飛び込んできた被造物――それが犬であろうが、猫であろうが、この世で最も下劣な動物であろうが――を自分たちの神とするのである。それでなくても、ことによれば道に落ちている無機物――石、木片、その他あらゆる同質の事物――でもなんでも構わないのである[*13]」。

このように目的意識をもった新たな願望と物的対象との最初の遭遇によって、この事物はこの企ての神がかった象徴となるわけだが、アフリカ人の宗教的行動の一風変わったこの説明は、フェティッシュの考えが発達する以前でさえ、イスラム教徒とキリスト教徒のあいだでは珍しくないものであった。次章で論じるように、この習わしがフェティッシュ概念の主な構成要素となったのは、この概念が偶像崇拝と対極にあると定義されるようになってからである。中世ヨーロッパにおいて信仰と法のように――つまりキリスト教、ユダヤ教、そしてイスラム教に匹敵する社会秩序の原理として――理解されてきた偶像崇拝とは違い、十五世紀と十六世紀に発達を遂げたフェティッシュ概念は、完全に自然的かつ無法的なプロセスから逆説的にも生みだされる社会秩序の意識を表していた。

　偶然というカオス原理から社会秩序を作り出すアフリカ人のこの矛盾した考えは、十六〜十七世紀の旅行記にも、そしてアフリカ人の社会原理を〝気まぐれ〟と特徴づけたリンネ[14]のように十八世紀の理論的言明にも、ともにはっきり見て取れる。自然の初歩的《プリミティヴ》な精神構造の〝メカニズム〟に〝非合理的〟な社会的信仰の起源があるとするこうした説明は、ド・ブロスがフェティシズムの一般理論を編み出す際の基礎となった（そしてこれにより、フェティシズム論はヒュームやその他の人々が提起した、〝自然宗教〟の起源たる驚愕の理論から区別された）[15]。マルクスの場合、彼がフェティッシュ概念に惹かれた理由の一つは、もろもろの異質な事物のなかに自然的統一という幻想を作り出す、歴史的にも独自な社会的複合体の観念にあった（とりわけ商品形態のフェティッシュと〝三位一体範式〟〔資本－利子／土地－地代／労働－賃金の利潤の配分関係〕の彼の議論を参照のこと）。マルクスにとって、この用語は、人間の意識を客観的な幻想として奇妙にも歴史的に制度化する力の名称として重宝された。オーギュスト・コントや、アルフレッド・ビネ（この言葉を性愛的フェティッシュの意味で最初に普及させたのは彼である）[16]のような十九世紀後半の心理学者たちにとっては、フェティシスト的な固着〔特定の発達段階でのリビドーの停滞〕の源泉は、欲望に配列を与える並外れた個人的出来事の力にあるとされた。反復的な強迫衝動を生み出す特殊かつ強烈な経験に対するトラウマ的固着という考えは、性愛的フェティッシュという精神分析学的概念にとって、もちろん根本的なものである。同様に、異質な諸要素（たとえば雨傘とミシン）の奇妙な偶然の出会いから生まれる美的一致が永続的な効果を生むという考えは、モダニズム芸術の基礎をなすものでもある。

フェティッシュ問題のベースにある残る二つのテーマについては、異質な諸要素の独特な固着化のもつ物質性と反復力について論じた際にすでに提出しておいた。つまり、社会的価値と私的な個人性というテーマがそれである。社会的価値の非普遍性とその構築にまつわる問題は、ヨーロッパ人たちがブラック・アフリカに旅行しはじめた時からはっきりとその姿を現した。たとえば、西アフリカへの初期の旅行者の一人、ヴェネチア人アルヴィーゼ・ダ・カダモスト（?～一四八八年）は、一四五〇年代の終わりにポルトガルの許可を得てセネガルに渡り、そこでガンビアの黒人たちについて多少の驚きをもってこう書いている。「私見によれば、彼らはわれわれ以上に黄金を重んじている。なぜなら彼らはそれを極めて貴重なものだと考えているからである。だがそれにもかかわらず、われわれにはほとんど無価値に見える品物と引き換えに、彼らはそれを安く売買している……[*17]」。

価値の謎――すなわち社会的価値は、物財の価値を生み出す特殊な制度システムに左右されるということ――は、この時期を通じてギニア海岸の交易をめぐる一貫したテーマであった。とりわけその疑問は粗悪品の範疇に向けられた。ヨーロッパの商人たちは、本当に価値ある物の代わりに彼らが交換する安物品や粗悪品について繰り返し語ってきたからである（ちょうど同じように商人たちの目には、各アフリカ社会の宗教社会学的な秩序は、この〝粗悪品〟や〝ガラクタ〟に価値を与えてしまうところにその基礎があるように映った）。一七六四年にカントは、アフリカのフェティッシュ崇拝に美学的な説明を施そうとしたとき、このような風習は〝無益なもの《レプレッシュ》〟の原理に基づいており、崇高の感覚を一切欠いているために美の原理の究極的退廃であると断じている。[*18] 十九世紀の経済学、社会学、人類学、そして心理学のフェティッシュ言説が一貫して強調してきたのは、価値を刻印し、転位させ、反転させ、そして過大に評価するそうした堅固な構造の中心を占めているのはいくつかの物的対象であるという考えであった。

　では〔二〇世紀の〕マルクス主義や構造主義の著述家たちが、一般的な理論的意義を有するまともな問題としてフェティッシュ概念を展開させていったかといえばそれほどでもない。せいぜい彼らは、形成された価値意識の制度的構造、つまりその意識の客観性を強調しようとしたにすぎない。マルクス主義のフェティッシュ理論によれば、これは客観的錯視に基づく虚偽意識として説明される（それゆえこれは単なる主観的な〝意識の立て直し〟によってではなく、制度的変革によってのみ改めることができる）。というのも、商品へと姿を変えた物的対象は、社会的労働による生産活動から市場価格と市場の力という外見上の運動へと価値意識を移し替えて、社会の搾取関係を隠蔽するからである。[*19] 構造主義の場合、フェティッシュは意味ありげな問題としてさっさと片づけられるか、[*20] あるいはしばしば〝生命をもった〟非言語的な単なる物的シニフィアン——それは意味の生成にとっての単なる記号の乗り物という資格にすぎない[*21]——として見なされるかのどちらかである。これらの理論は、しかしフェティッシュの社会的客観性に力点を置いているので、フェティッシュとの個人的な人間関係の問題を看過しがちなのである（これは、心理学や精神分析学の理論がフェティッシュの社会的次元を看過するのと同じである）。マルクス主義も構造主義も、両説の見立てによればともに次の二つの意味において、フェティッシュは客観的な制度システムが諸個人によって〝擬人化〟される場所に位置している。第一に、物質的実体の次元（市場や自然種）は、人格的な諸関係の次元（社会的生産や文化）の構成要素であると理解されているために、社会的対象の〝自然な価値〟という最終的な意識を決定すると考えられている点。第二に、人格的な活動は、価値の物的シニフィアンを制度化したシステムによって支配される、まさに抽象的な諸関係の非人格的なロジック――このロジックに沿って価値は配列される――に従うようになるという点である。

だが人格的な個人とフェティッシュ的な物財の関係をめぐるフェティッシュ言説は、さらにもっと基本的なテーマによっても特徴づけられる。つまり、個人の地位の物象化というテーマがそれである〔一五頁の二つのテーマの後者をさす〕。労働価値説は、物象化された個人の活動が物財の価値と関係しているという、フェティッシュをめぐるこのテーマの一例に過ぎない。中世ポルトガル語の *feitiço* と *idolo* を区別するメルクマールの一つは、偶像が自立した彫像だと考えられていたのに対して、フェティッシュは主として身に着けられるちょっとしたこしらえ物であるという点にあった。さらに、偶像の観念が誤った神ないし悪霊の崇拝を強調したのに対して、*feitiços* は、いくつかの具体的な効果（例えば治療のような）を得るためであったり、その保持者を助けるものとして用いられてきた。フェティッシュ概念にまつわる第四のテーマは、（活動と欲望の物的中心として）人間の身体がいくつかの重要な物的対象――それは身体から切り離されても、ある程度の間は身体が操作する器官として機能する――の影響に服しているという点である。いくつかの物的対象との関係に〝固定された〟人間の性的身体の現実的象徴化という、このテーマを最も余すところなく展開してきたのは、もちろん精神分析学者たちである。モダニズム芸術におけるシュールレアリズムのオブジェは、フェティッシュ言説のあらゆる記録係（民族学者、マルクス主義者、精神分析学者、そしてモダニスト）のなかに反響している物財となるべく造り出された結果、異常なほど擬人化ないし性的に対象化された事物としてしばしば表現されてきた。社会科学者たちは伝統的なアフリカの民間療法の効果を説明するためにシュールレアリストの理論を引き合いに出すが、それはこのテーマを論じてきた歴史的円環を閉じるのにおそらく相応しいだろう。[*22]

第二節　フェティッシュの事実性

以上のフェティッシュ問題の議論では、フェティッシュ言説の歴史のなかに繰り返し現れる最も基本的なテーマの輪郭を描くことにもっぱら専念してきた。すなわち、還元不可能な物質性、独特な統合ないしその秩序化の起源の出来事を反復する固定的な力、事物の社会的価値意識の制度的な構築、そして諸個人――その人格性は自らの身体と切り離せないものと考えられている――の欲望・活動・健康・自己のアイデンティティを支配している力との強固な関係性のなかに組み込まれた対象としての物的フェティッシュ、というのがそれである。以上のもろもろのテーマは、これらの観念がどのようにして統一性を形成し、そしてなぜこの独特な〝問いの表象《プロブレム=イデア》〟が特殊な歴史状況――つまり根本的に異質な社会秩序の複数の物財のあいだで価値が変化するという商業的な文化交差的空間――から出現したのかを理解するうえで、以下でフェティッシュ理論を歴史的に調査していく際の常に指針となるだろう。だがこの歴史研究の関心がその全体的な理論的関係にあるとしても、ここでは、フェティッシュはフェティッシュ理論の歴史から派生してきたというこの仮説について、まずはその予備的な見取り図を描いておくのがおそらく適切である。

最初にわれわれは、特殊主義民族学、構造社会学、制度的歴史学などの観点から、〝フェティッシュ〟が人為的な一般概念であると考えざるをえない点について同意することから始めよう。〝フェティッシュ〟という言葉が〝言説の編制〟における一つの構成要素であったことは決してなかった（『知の考古学』のフーコー的な意味での、二〇世紀の医学心理学的言説の性愛的フェティッシュはその例外である）。たとえば、アシャンティ社会の *suman* や、コンゴ社会の *nkisi*（あるいは、さらにいえばキリスト教文化の聖餐）とは違って、フェティッシュは、特定の文化や社会秩序のなかに制度的に限定された対象として、これまで社会的な現実性を獲得したことはなかったのである（確かに私は十六世紀から西アフリカ沿岸で慣習化されてきた儀礼や言説のなかで、*Fetisso* が中心的なタームであった点を論じるつもりだが、しかし、そうした文化交差的な空間は、どんな伝統的な意味でも社会や文化と呼べるものではない）。以上の観点からしてフェティッシュは、その言葉自体の歴史以外には歴史の領域が存在しない、まさに非歴史的な領域に固有のものとして、そして個別の社会や文化というよりも、根本的に異なった諸社会秩序の価値コードの現在進行形の出会いから生まれた文化的交差空間にむしろ相応しいものとして見なすべきなのである。マルクス主義の表現を使えば、フェティッシュは文化革命の空間に位置づけられるものといえるかもしれない。[*23] なぜならこの空間こそ、フェティッシュとしての物財という真理が暴露される場だからである。[*24]

それでは、そうした事物はどのような意味でフェティッシュなのだろうか？　仮に〝フェティッシュ〟がある特定の〝問いの表象《プロブレム＝イデア》〟を示しているとすれば、それが示す真理とは何だろうか？

ミシェル・レリスは、ジャコメッティの彫刻に関する一九二九年の小論で、「最太古の時代と同様に、われわれの人間生活の基底に残存するフェティシズム」と、この「真のフェティシズム」に応えるある種特異な芸術作品の力について語っている。

「この真のフェティシズムの要請に、つまりわれわれ自身への――本当に愛情溢れる――この愛に、ほぼすべて応えられるオブジェ（絵画や彫刻）が、芸術作品の領域で見つかることは滅多にない。内面から外面へと沸き上がるこの愛は、それを明確な事物の限界内に閉じ込める硬い殻、そして空間と呼ばれる巨大な未知の部屋のなかにわれわれの使う家具のようにそれが置かれているこの硬い殻をまとっている」。[*25]

「われわれの人間生活の基底に残存する真のフェティシズム」は、ここでは「われわれ自身への――本当に愛情溢れる――愛」と呼ばれている。それゆえフェティッシュは、まずもって強烈に個

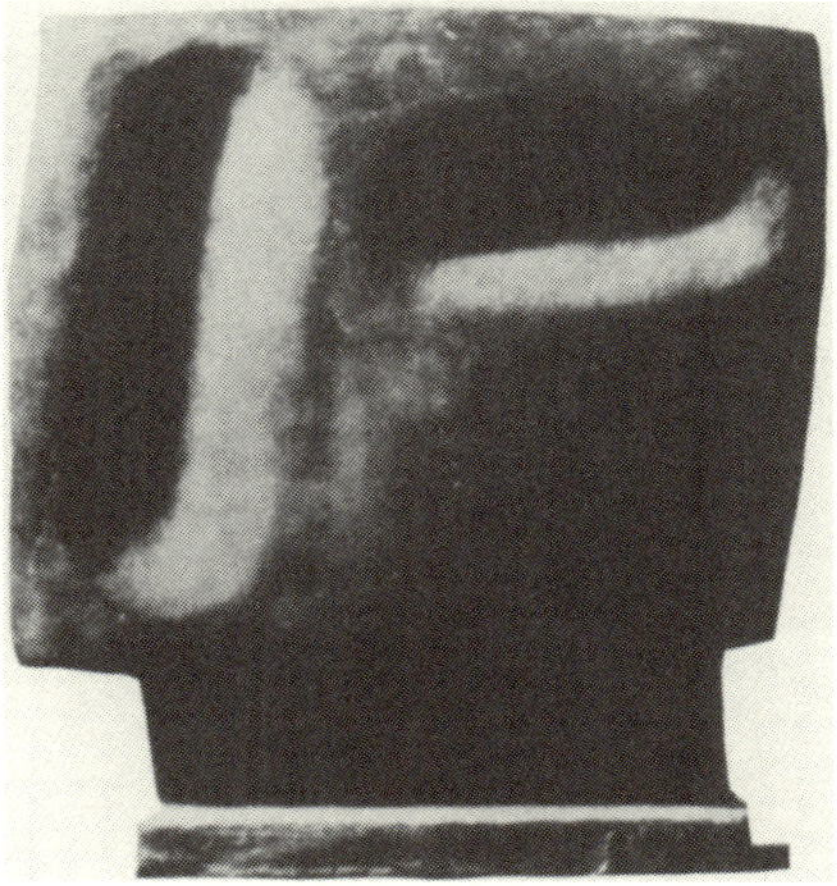

図 1–1
アルベルト・ジャコメッティ「見つめる頭部」(1928)、ブロンズ。(Photograph from *Alberto Giacometti*, New York, Museum of Modern Art. 1965. p. 32)。レリスは、『ドキュメント』のジャコメッティに関する一九二九年の自分の論文で、この作品の写真を使っている。

図 1–2
双頭の鰐が一体となったもの。アカン族の金の分銅(Garrard, *Akin Weights and Gold Trade*, 1990, p. 283 から再現)。この姿は、アシャンティ族の次の有名な格言を参考にしている。「双頭の鰐で胴は一つしかないのに、双頭のうちのどちらかが獲物を捕える場合、両者は互いにそれを争う。なぜなら、二つに分かれた頭のどちらにも胴が一つしかないのに、どちらも食物が自分の喉を通り過ぎるのを望んでいるからである」(次のR・S・ラトリィによる翻訳から。*Ashanti Proverbs*, Oxford, Clarendon Press, 1914. p. 66)。ガラードはこの教訓を次のように注釈している。「親類はすべてが一族に属しているため、仲たがいすべきではなく、むしろ彼らの幸福のために一族に頼るべきだということである」。ラトリィによれば、「この才気ある比喩は、共産主義者の思想を明確に表明している」。

人的な何かであり、その真実性は、（高揚した身体、〝器官なき身体〟を介して総体化された）自己という〝内部〟から、空間という〝外部〟に位置する物的対象の自己限定的な形態への本質的な運動として経験されるのである。だが、芸術作品が本物のフェティッシュとなるのは、少なくともそれが涙の滴のようにどこまでも個人的な物的対象である場合に限られる。

「美しい小さな球面をもつ水滴は、味覚とまではいかずとも少なくとも人間の涙の形状をわれわれに呼び起こさせる。この潤い、この流れは、われわれが何かを愛した時、あるいは感動した時、われわれの肢体に走る喜びと共鳴し合う[*26]」。

涙の滴やフェティッシュ的対象は、肉体を持った自己の内部に艶かしい流れや心に響く感覚を「呼び起こす」ことによって「共鳴し合う」のであり、これは外界の生活との突然の出会いによって自己のアイデンティティが問題に巻き込まれ、危険にさらされる特定の瞬間に意識されるものである。

「人生のなかには危機と呼べるような、この上ないほど重大な瞬間がいくつかある。すなわち、われわれが内面から外面に向けて発する求めに内面が不意に応じる瞬間であったり、外界が門戸を開いて、われわれの心情と外界の間で突然の意思の疎通が行われる瞬間がそうである[*27]」。

不意の出会いであったり、自分の生活と世界の生活の間の漠たるやり取りからくるこうした危機の瞬間は、場所と事物の両方において、そして人間を深く動かす独特な力を持続する私的な記憶として固定されることになる。レリスはこう続ける。

「わが人生のなかには、この類の記憶がいくつかあるが、それらはすべて一見したところ象徴的な価値もない、つまらない出来事――こういってよければわけのわからない出来事――と結びついている。たとえば、陽の光が降り注ぐモンマルトルのとある路地で、潤んだ薔薇のブーケを両手に持ったブラックバード・ダンス団の一人の黒人女性、ゆっくりと岸を離れていく自分の乗った客船、たまたま口ずさんだ歌の断片、一種の大トカゲというべき珍獣とのギリシアの廃墟での遭遇……。ポエジーはこのような〝危機〟からはじめて醸成されるのであり、そうした危機に匹敵するものを与える作品だけが価値をもつのである[*28]」。

レリスがこの四つの危機の鮮烈な記憶にあると考える性質は、これといった動機もなく、何にも値しない〝根拠のないもの〟であり、一見すると〝無益なもの〟という性質である。おそらくその通りであろう。なぜなら、こうした遭遇はそれを意味のあるコミュニケーションへと変換する適切な正規のコードを一切欠いているからである。このような遭遇の奇妙な固着化は、〝あらゆる象徴的な価値をはぎ取られ〟、識別可能な価値コードの一切から脱落するがゆえに、逆説的なことに無限の価値を帯びた危機的瞬間へと変化し、これによって人格的な自己の生きた存在と物質界の生きた他者のまったく不釣り合いな一体感を出現させるのである。

このような危機は、反復不可能な出来事（永遠の記憶に残るそれ）、諸対象のうちの特定の対象やその配置、そして局在化された空間をうまくまとめ上げ、それらを独特な仕方で反響しあう一体化した激しさのなかに固着させる。もしフェティッシュ理論を構築しようとするなら、次のような基本的カテゴリーを採用すべきだろう。すなわち、歴史化、領属化、物象化、そして人格化である。おしなべてフェティッシュとは、独特な出来事の有意味な固着化なのである。とりわけそれは〝歴史的〟な対象であり、二度とない出来事の耐久性をもった物質的な形態と威力なのだ。この対象は、地理的な土地の形状で人間の身体の表面にマークされた場所であれ、あるいは携帯用か、着用かでその刻印や形状が決まる媒介物であれ、物的空間（地上の母胎）のなかに〝領属化〟されている。歴史的対象は、〝物象化〟のかたちで、つまり属領と一体化可能な自己充足的実体という身分をもつ何らかの事物（家具）や形状のかたちで領属化される。この対象は、所与の社会の生産システムとイデオロギー体系に固有の価値コードに則った有意味な対象がそうであるように、その身分からして単体の事物（モノ）として認識されるのである。物象化され、領属化されたこの歴史的対象はまた、それがもつ集合的な社会的対象としての身分を超えて、諸個人から強烈な私的応答を呼び起こすという意味で〝人格化〟されもする。彼や彼女は自身の生きいきとした自我をフェティッシュ対象への情熱的な反応を介して個人的に経験するのだが、この個人的な経験と結びついた強固な関係には、物的シニフィアンとしての身分をフェティッシュに与えている社会的な価値コードと通約可能な要素は（価値を上回っているか下回っているかにかかわらず）どこにもない。フェティッシュがイデオロギーと価値意識を形成すると同時に暴露する場として同定されるのは、こうした価値コードの〝拒否〟と〝消失の恐れ〟〔perspectives of flight〕がこの通約不可能な差異の衝突によって現実味を帯びるようになる場合である。

各フェティッシュは、出来事、場所、事物、民族を一つに統合し、再びそれらを独立した各自の領域（時間的な生起、地上の空間、社会的存在、私的生活）に送り返すという、独特な分節化を遂げた同定化《アイデンティフィケーション》の実現（ハイデガーの言葉では、Ereigenes[†1]、つまり〝性起〟[*29]）である。構造化された一定の関係（意識的なものもあれば、無意識的なものもある）は、反省以前の直接経験の現象学的な骨格（『見えるものと見えざるもの』のメルロ＝ポンティが使う意味では〝肉〟）を構築することから打ち立てられる。ドゥルーズのいうところによれば、「フェティッシュとは、価値の共通理解やその認識としての社会意識の自然な対象[*30]」である。フェティッシュは、甚だしく私的なやり方で一人ないし複数の個人の心を動かす社会的に有意味な価値に対して、〝おのずから〟形を与える物的対象として世界内に存在する。たとえば、旗、記念碑、ランドマークや護符、薬包、あるいは聖餐で使う品々や耳飾り、刺青、花形帽章、そして都市、村、国家や靴、髪留め、男根、さらにはジャコメッティの彫刻やマルセル・デュシャンの作品「大ガラス」などがそれにあたる。これらのフェティッシュは、代喩法[†2]的な断片性、あるいは再帰的で集合的な物的対象の特徴としてサルトルが論じた「脱全体化された全体性」という性質をそれぞれ帯びている。[*31]

もしフェティッシュが、その用語自体の歴史から理論化されたものであり、社会的でも私的でも

---

†1　Ereignis の誤植か？　Ereignis は後期ハイデガーの重要な概念。存在と人間が互いに互いを必要とする不可分の関係であることを示す。性起（しょうき）が定訳。

†2　部分によって全体を表す換喩法。提喩法とも言われる。

ある包括的で集合的な物的対象の呼称として使えるのであれば、「歴史的な対象の一切はフェティッシュである」と語るメルロ＝ポンティはまったく正しい。だがこれは同様に、ちょうどハイデガーにとって芸術作品が〝事物〟の真理を暴露するがゆえに〝事物〟の真理となるように[*32]、フェティッシュはあらゆる歴史的対象の真理を暴露する集合的対象の特殊類型だという意味でも理解することができよう。

それゆえフェティッシュは、同定と否認をめぐる一種の本源的かつ物質的な修辞学《レトリック》の場として見なすことができよう。というのもこの修辞学は、領属化された社会的な事物および形を与えられた私的な諸個人を一連の独特な歴史的な固着と関係づけて、意識的・無意識的な価値判断を打ち出すからである。フェティッシュは、このようにイデオロギー的物象化と本質的実在の両方がはっきりと姿を現し、心を揺さぶる自発的な批判が現れる場となりうる。レリスが「真のフェティシズム」について語るのは、そのついでに「道徳的・論理的・社会的規範としては貧相な亡霊」である「偽のフェティシズム、……つまり移し替えられたフェティシズム、われわれを心の底から揺さぶるフェティシズムの単なる見せかけ[*33]」を批判する場合に限られている。

フェティッシュをめぐる議論はつねに、話者から人称的に遠く離れた文化の誤った客観的価値に関する批判的言説であった。ポルトガルのカトリック教徒たちがアフリカの宗教的・社会的対象を*feitiços*と名付けた際に、そしてオランダ、フランス、イギリスの商売っ気のあるプロテスタントたちがアフリカの宗教的対象とカトリックの聖体をおしなべてフェティッシュと同一視した際に

──これは結果的に啓蒙思想のフェティッシュの一般理論への道を拓くことになる──、否定的な価値評価を下してきた修辞学的な力学とは、まさにこのようなものであった。この否定的で批判的な影響力は、この言葉の役回りとして、十九世紀から二〇世紀までのさまざまなフェティッシュ言説を通じて継続していくことになる。〝フェティッシュ〟は、諸個人が特定の価値や徳を真に具現していると経験的に理解した集合的な社会的対象に対して、物財の威力という不可解な神秘性をつねに与えてきたが、そうした特定の価値や徳は、果てしなき相対的堕落という文化交差的な構図の観点から、いつも〝象徴的な価値を欠いている〟と判断されてきた。フェティッシュ言説は、まるごと心を奪われる軽信と下卑でよそよそしい猜疑心というこの二つの意識をつねに前提としている。その性質自体からして幻想とは無縁なこの猜疑的な判断が行われる場こそ、極度の堕落とその結果としての価値の根源的創造の力を表しているように見えるのである。こうした理由のために、この場は、その独特な一つの魅惑的かつ幻想的な力を保持している。その力とは、人間がついに「自分の妄想からもっと開放され、それに慎重となる」[*34]（つまりフェティッシュなき人間に帰る家はない）ような〝アルキメデスの点〟〔究極的基礎〕を表しているように見える力なのである。

第三節　フェティッシュの史的領域

前節では、フェティッシュ言説の歴史におけるさまざまな基本的テーマから、フェティッシュの仮説的な理論モデルについて詳述してきた。フェティッシュの本源的物質性というテーマ――つまりフェティッシュとは、正確にいえば自分以外のものを指示する物的シニフィアンではなく、別様にはまとまりを欠く多様性をその永続的独自性から一つにまとめ上げる物的空間としての働きであるということ――から証明されたのが、〝領属化〟というカテゴリーであった。独特な固着と規則的な反復というフェティッシュの本質的な力から次に明らかとなったのは、フェティッシュに固有の独特な〝歴史化〟であった。〝物象化〟という言葉は、社会的価値を制度化ないしルーティン化[*35]した諸コード間に一定の媒介構造を与えるのは、特定のフェティッシュであるという基本テーマを定式化したものである。最後に〝人格化〟とは、個別具体的な諸個人の自己同一性を根拠づける同定と否認を決定する力、つまり物象化された事物のもつこの力の特質に一つの名前を与えたものである。このモデルが最終的に有益なものかどうかは、これまで描いてきたフェティッシュ言説の史的領域以外の分野に対しても、それが応用可能か否かに懸かっているのだが、しかしこうした応用については目下のプロジェクトの範囲外にある。

このフェティッシュの考え方が分析モデルとしてはたとえ不十分であるとしても、目下の歴史のプロジェクトはそれ自体としては独立したものである。それゆえ、フェティッシュの歴史問題をめぐるこの理論的研究の第一章の締めくくりとして、研究の対象となる史的領域を簡単に画定しておくことにしたい。

この領域は、なによりもまずこの言葉自体の用法から画定される。すでに述べたように、この問題の特殊性を尊重できる唯一のアプローチがこれである。というのも、それは一つないしその他（特殊主義の、あるいは普遍主義）のメタ・コードへとフェティッシュ概念を還元することがないからである。この歴史＝言語学的アプローチでは、ある特定の対象がフェティッシュであるかどうかを、それがどのような意味であれ無邪気にも歴史を無視して語ることは許されない。たとえば、レティフ・ド・ラ・ブルトンヌ（一七三四〜一八〇六）の事例は、性愛的フェティシズムをめぐる二〇世紀の法医学的言説の構図からみて、はじめてフェティシズムの一つと見なすことができる。法医学的言説にとって、レティフは古典的な靴フェティシストであったとはいえ（二〇世紀の第二四半期の精神医学辞典のいくつかは、〝フェティシズム〟よりも〝レティフィズム〟という用語のほうを好んでさえいる）、レティフが生きていた頃の〝フェティシズム〟という言葉の用法は、レティフの欲望の特徴とされてきたような性的倒錯を意味したことはなかったからである。それゆえ、われわれのアプローチは、フェティッシュ理論の歴史の全体的な見取り図のなかで、この言葉のもつ特定の用法の理論的な含意をつかむために、どんな時代でも状況でも、言葉の特定の意味をどうしても尊重しなければならないのである。

　言葉自体の歴史にはある程度の限定を加える必要があるとはいえ、言説の根拠、〝ロゴス〟のそれからフェティッシュ概念の統一原理が引き出せるわけではない。その代わり、この小論で論じたいのは次の点である。すなわち、フェティッシュの〝問いの表象《プロブレム＝イデア》〟は、十五世紀以降、西アフリカ沿岸で進行していた状況にヨーロッパ人の意識が最初に巻き込まれた、独特なタイプの文化交差的経験の内部から立ち上がってきたということ、そしてこの表象はなおもこの文化交差的経験に特有なものであり続けているということである。

このような文献学的・歴史学的なパラメーターにおいては、たとえば有名なコンゴの爪フェティッシュや西アフリカのアカン語族の *suman* といった伝統的にフェティッシュと見なされてきた対象は、これらの対象に〝フェティッシュ〟という名を適用することをめぐる文化交差的な問題群のなかに必然的に位置づけられることになる。だが同様に、このアプローチの求めるところによれば、まさにこうした文化交差的な状況のなかで生まれた、しばしば〝フェティッシュ〟と称された対象も〔研究の対象として〕相応しいものと見なされなければならない。そうした事例としては、非ヨーロッパ側からはアカン族の〔金の目方を測る〕分銅のような産物であったり、ヨーロッパ側からはポルトガル王ジョアン二世（一四五五―一四九五）による十五世紀のパドラン〔航海到達の石碑〕のようなものも含まれる。両方とも――少なくともいくつかのケースにおいては――文化の障壁の向こう側にいる人たちからも、それぞれフェティッシュであると判断されてきたからである。アカン族の分銅は、金塊目当てのヨーロッパ（とアラブ）商人の支配と、その結果生じた家族的なアカン経済の準貨幣経済化――なぜなら価値の尺度と貯蔵の手段として金粉が流通したからである――に対する直接的な文化的応答であった。金の計量に分銅として利用される真鍮の小像に関する最近の見事な研究で、ティモシー・ギャラードは次のように述べている。

「金計量の分銅の主たる目的は交易のためであるが、しかしいくつかの形象分銅は別の目的に使われることがある。病気の子供たちは健康を回復するために、しばしばそれらを身につける。あるいは、幸運を呼び込むためであったり、その携帯者を災厄から守るためのお守りや護符として持たれることもある。……ガーナでは、これらの分銅が〝お告げ〟として人間に送られてくるとしばしば言われている。つまり、分銅の形は特定の箴言と関係があり、なんらかの罪や義務を思い起こさせるのに役立つとか、あるいは警告やちょっとした忠告、親友の証しとして役立つといった具合である[36]」。

それゆえ金計量の分銅は、通約不可能な社会的価値――その価値は箴言や伝統療法に表現されているような伝統的なアカン文化に由来する――を、外から持ち込まれた新しい市場価値とまさに関係づける働きをしているのである。たとえば真鍮の小像は、多様な価値コードを超えていく運動を具体的に実現する新たな文化的領域の要件を満たしていた。なぜなら、分銅はアカンの職人たちの独自な作品（しばしばこうした物財の調査員たちの報告によれば、彫像の形は見たところ無限にあるという）なのだが、それは金の計量という市場活動のなかで機能しながら、何らかの現地の箴言がもつ伝統の知恵を伝えたり、あるいはそれを身につけた病人に加護を与え、病気を治す力を授けたりもするからである。

これと類似したヨーロッパ側の事例は、十五世紀の発見のパドランである。ジョアン二世治下、アフリカ海岸へのポルトガルの探検熱再興に乗じて、一四八二年にディオゴ・カン（一四五〇頃～一四八六頃）は最初の航海を行い、はじめてコンゴとアンゴラに上陸した。パドランとは記念石柱のことであり、それは板材船で運ばれて、領有権の主張と航海の目印のために新たに発見された川の河口や岬に設置された。[*37] たとえばカンは、アンゴラのサンタ・マリア岬に彼の航海の最南端地点を標示するために、碑文の刻まれた四角い柱頭を戴く聖アウグスティヌスのパドランを設置している。柱頭の北面にはポルトガル王家の紋章が彫られ、西側にはキリストの死から計算された建立の年が、南側にはジョアン二世統治時代のその元号が刻まれており、東側にはこの地に石柱を立てたのはポルトガルの勇者ディオゴ・カンの功績であることが明記されていた。このようにパドランは、アフリカの風景のなかにまでキリスト教とポルトガルの封建制のコードを拡張・領属化する機能を果たしてきたのであり、カンの非凡で勇敢な建立事業を通じて、この石柱はこれらポルトガルの価値コードによってこの空間をいわば〝モノ化〟したのである。コンゴ川の河口に建てられた聖ゲオルギオスのパドランのようなケースでは、石柱は現地のアフリカ人にとって、ポルトガル人の恒久的な支配力《プレゼンス》の印として受け取られる一方、ヨーロッパ人たちのほうは、アフリカ人たちがこのパドランを最終的にフェティッシュと見なすようになったと理解したのである。[*38]

私は本書の第一章を締めくくるにあたり、アカン族の金計量の分銅とポルトガル人のパドランという二つの事例を取り上げてきたが、それはフェティッシュの史的領域にとってあまり馴染みはないが、それに相応しいいくつかの事物を示そうとしたまでのことである。これらの事物を適切に論じるには、複雑な歴史的文脈のなかでこれらの事物がどのような位置にあるのかを知る必要がある。次の第二章では、この歴史的文脈を検討することにしよう。

図 1–3
犀鳥をくわえたクサリ蛇。アカン族の金の分銅（ガラード、前掲書、p. 296から再現）。ガラードによれば、「地表のクサリ蛇が犀鳥を捕獲した」というアシャンティ族の諺には次の二つの意味がある。（一）「男なら、たとえ難しいように見えても、何かを捕獲するのをあきらめてはならない」。（二）「良い行いをして他人に親切にしなければならない。いつかあなたが他人の親切に甘えることになる日が来るかもしれないからである」。この諺は次の民話が元になっている。「犀鳥には、お金のせいで彼をいつも困らせていた――あるいは彼がそう吹聴していた――義母がいた。そこで、彼はクサリ蛇に金を借りに行った。だが犀鳥は、指定された日に金を返済することができなかった。蛇は茂みにいる他の鳥をみつけ、犀鳥に借金を返すように伝えてくれと彼らに頼んだ。蛇が金の返済を求めていることを聞いた犀鳥は、蛇に勇気があるなら金を取り返すために木々を飛んで来いという侮辱的な伝言を送った。蛇はこれを冷静に受け取り、泥棒を捕まえるには一日あれば十分であることを犀鳥に伝えるよう他の鳥たちに語った。すると日差しが非常に暑かったためにすぐに川と池が乾き始めた。そこで犀鳥が水を飲みに降りてきたが、クサリ蛇の家のすぐ後ろにある小川しか見つけられなかった。蛇が顔を出して見回すと、犀鳥の姿がそこにあった。蛇はすぐに飛び出してその脚を掴んだ。『あなたは私のお金のために飛んでこいと言ったが、私はあなたに降りてこいとは言わなかった。今、こうして私はあなたと地上で会ったので、私は絶対に金を返してもらいます』。犀鳥は泣き始め、他のすべての動物が彼のために仲裁してくれるよう訴えた。動物たちはみな一様に懇願したが、蛇は犀鳥を放すことを拒否した。犀鳥は泣いて嘆願したが、許されなかった。ようやく長い時間ののち、犀鳥は蛇から逃れることができた。そのようなわけで、なぜ犀鳥がいつも空中を非常に高く飛んでいるのかといえば、それは蛇を恐れているからなのである」（ガラード、前掲書、pp. 205-206）。

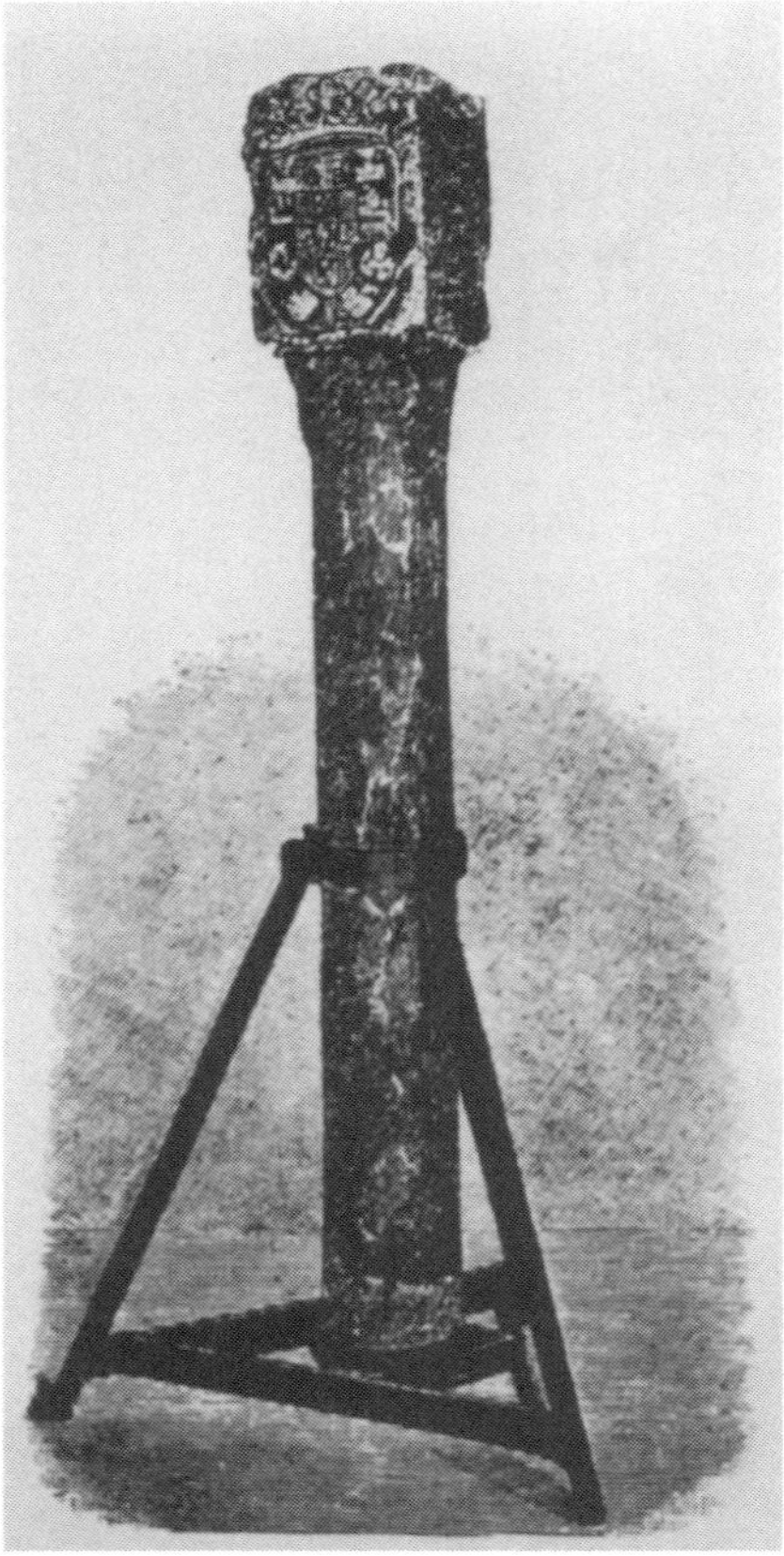

図 1-4
一四八二年にアンゴラのサンタ・マリア岬にディオゴ・カンによって建立された聖アウグスティヌスのパドラン。現在はリスボン地理学会にある（以下の文献から描かれた。*Historia da Expansao Portuguesa no Mundo, eds. Antonio Baiao, Hernani Cidade, and Manuel Murias,* vol. 1, Lisbon, Editorial Atica, 1937, plate opposite p. 374）。ノウェルはこの柱の碑文を次のように翻訳している。「世界創世紀元六六八一年、わが主イエス・キリスト生誕一四八二年、そしてかくも高貴で偉大なポルトガル王ジョアン二世は、この土地を王室の家臣ディオゴ・カンによって発見させ給い、またパドランを設置させ給うた」（*A History of Portugal*, p. 54）。

第二章
フェティッシュの起源

第一章では、〝フェティッシュ〟と〝フェティシズム〟という言葉が、啓蒙思想以来の近代の社会理論の展開が示すように、この理論にとって特定の〝問いの表象《プロブレム＝イデア》〟を特徴づけるものであった点について論じてきた。それによれば、共通の理論的根拠を必要としないさまざまな学問――民族学と宗教史、マルクス主義と実証社会学、精神分析学と性的倒錯の臨床医学、モダニズム美学と大陸哲学――のなかでこの術語は使われてきたにもかかわらず、フェティシズムをめぐる多様な言説のなかにあって、この術語はいくつかのテーマの点で共通の輪郭を有していた。フェティッシュの観念を一貫して特徴づけるのは次の四つのテーマである。（一）フェティッシュの非超越的な物質性。つまり、〝質料《マター》〟ないし物的対象が宗教活動や精神的傾注の根源だと見なされている点。（二）フェティッシュの起源の根本的歴史性。つまり、普通なら異質である諸要素をまとめ上げる特別な出来事から生じるフェティッシュの独自性《アイデンティティ》と力は、この独特な固着のプロセスを（そこから生じる結果も含めて）反復する、その永続的な能力にあるという点。（三）フェティッシュは、それが有する意味と価値のゆえに社会関係の特定の秩序に依存すると同時に、またそれを強固にするという点。（四）フェティッシュ的対象は個人の生体に対して能動的な関係にあるという点。影響を受けた人間の意思を超えた力に従う一種の外的なコントロール器官であるフェティッシュは、独り限定された自己という観念の破棄を表している（つまり〝フェティシズム〟は必然的に、そして本質的に、自己は肉体化されていると見なすのである）。

私の描くフェティシズム思想史に何か興味深い点があるとすれば、それは十九世紀（カントからフロイト、つまり啓蒙思想からモダニズムまで続く〝長い〟十九世紀）の主要な社会思想家たちの多くがこの言葉を学術用語として取り入れてきたという事実である。この時期に打ち立てられた人間諸科学（社会学、人類学、心理学）も、フェティシズム理論が提起した宗教の歴史と本性の説明をめぐる進行形の論争のなかで態度を表明しつつ、ある程度はそうしてきた。（一七五〇年代から六〇年代にかけての）百科全書派の時代に定式化されたこの理論は、一八〇〇年以降のヨーロッパの知的言説のなかで完全に確立されることになった。〝フェティッシュ〟と〝フェティシズム〟の学術的用法を研究すれば、十九世紀のコスモポリタン的な社会理論の精神的態度と、唯物論、歴史、価値、文化に関する各議論に表れている個別の問題群に新たな仕方で光を当てることができるのではないかと私は考えている。

第二章では、フェティッシュという特徴的な概念の起源を跡づけることにしたい。フェティシズム理論を表明してきた十八世紀の知識人たちは、次のような有名な旅行記に収録されていた〝ギニア〟に関する記述のなかでこの概念に出会った。すなわち、ジョヴァンニ・ラムージオ（一四八五

〜一五五七）の『航海・旅行記集』（一五五〇年）、テオドール・ド・ブリィ（一五二八〜一五九八）の『東インド誌』（一五九七年）、サミュエル・パーチャス（一五七五？〜一六二六）の『航海記――ハクルート遺稿』（一六二五年）、アウンシャム＝ジョン・チャーチル（一六五八〜一七二八）の『航海・旅行記集』（一七三二年）、トマス・アストリ（？〜一七五九）の『新航海・旅行記全集』（一七四六年）、そしてアベ・プレヴォ（一六九七〜一七六三）の『旅行記大全』（一七四八年）がそれである。フェティッシュの観念をめぐる独特なテーマと説明概念にはじめてその輪郭が与えられたのは、十六世紀から十七世紀にかけての西アフリカ海岸――とりわけ現在のガーナからナイジェリアまでの沿岸――においてであった。最初にこの観念はまずピジン語〝Fetisso〟〔以下、〝フェティソ〟〕を介して現れた。もともと仲買人の言葉であったそれは、文化的事実を誤って伝えているにもかかわらず、途方に暮れるほど異質な文化をもったメンバー間の多少とも自発的な商取引を成り立たせる一つのカテゴリーのなかに、ずらり居並ぶもろもろのアフリカの物財と儀礼を押し込んだのである。〝フェティソ〟や〝フェティッシュの呪い〟に関するこの実践的な言説から、この海岸を訪れていたプロテスタントの商人たちは、アフリカの社会秩序はフェティソの崇拝を土台とした諸原理に基づいているという一般的な説明を作り出していったのである。

アフリカ文化の異質性――とりわけ〝合理的な〟取引関係に抗おうとするそれ――は、アフリカ人には物質的な（そして特にヨーロッパの工業的な）対象を擬人化する非合理な性癖があるという前提によって説明された。また、アフリカ人を特徴づけていると云われる補足的な原理によれば、彼らは単なる偶然の結びつきに因果関係を与えていると見なされた。偶然の遭遇や擬人化（もっと一般的には神人同形化）という諸原理を介して因果律を把握しようとするこの知的誤謬は、次のようないくつかの原因が招いたものだと考えられた。すなわち、物的対象の価値を評価するアフリカ人の疑わしい誤ったやり方、彼らの迷信的な宗教儀礼、そして（とりわけ十七世紀末にアフリカの奴隷貿易――いわゆる〝火薬による支配〟――が現れて以降）ヨーロッパ人たちの目には恐怖、軽信、暴力に基づいていると映った、彼らの無軌道な社会秩序がそれである。問題を認識し、それを説明するというこの二点を左右する根本的な問いは、このような物的対象があらゆる種類の宗教的・美学的・性愛的・社会的な価値（言い換えれば物的対象が有する道具的で市場的な〝本当の〟価値を表していない一切の価値）を、どうして一身に担えるのかという点に関わっている。

フェティッシュの観念の起源がどこにあるかと言えば、それは相互理解が不可能なまでに根本的に異なった文化間で、当時展開していた交易関係が生み出した商業上の相互文化的な空間にある。つまり西アフリカ文化にとっても、キリスト教ヨーロッパ文化にとっても、その観念はどちらにも固有なものではない。この観念がヨーロッパの社会理論に対してどのような意味をもったのかにわれわれの関心がある以上、私が本章で重点的に論じたいのは、ヨーロッパ人の言説のなかでこの概念がもっていた際立った特殊性である（それゆえここでは、フェティッシュの観念と西アフリカ文化の現在の思想との関係については関心の埒外にある）。そのためにはまず、〝フェティッシュ〟という言葉自体の語源を、キリスト教の神学と法学でのこの言葉の用法に目を配りながら、ラテン

語 *facticius* からポルトガル語 *feitiço* まで辿らなければならない。西アフリカ沿岸で発達したピジン語〝フェティソ〟の観念の目新しさを示すには、偶像崇拝、迷信、そして妖術といったキリスト教的概念の検討を媒介したほうが比較的容易であろう。たとえば、〝フェティソ〟概念の場合、擬人化された事物や偶然の状況といった発想に重心がおかれるのに対して、妖術《ウィッチクラフト》というキリスト教的概念の場合は、人造による肖像や意思による契約といった発想に重心がおかれるからである。本章の結論部は、フェティッシュという新たな観念が辿る次の三つの局面の検討に充てられる。まず、十五世紀にポルトガル人がブラック・アフリカにやってきて、アフリカの事物や儀礼に *feitiço* や *feitiçaria* をはじめて適用する段階。次に、ポルトガルの支配の外部で、十六世紀の間にピジン語〝フェティソ〟が仲買人グループらによって発達を遂げる段階。最後に、ウィレム・ボスマンの一七〇四年の有名な報告〔『ギニア海岸詳説記』〕を嚆矢とする、十七世紀のプロテスタント（とりわけオランダ）の文献のなかでこの言葉が扱われるようになる段階である。

第一節　キリスト教神学における〝Facticius〟——偶像崇拝と迷信

feitiço、*feiticeiro*、*feitiçaria* という言葉は、西アフリカへ船出した十五世紀のポルトガル人のボキャブラリーに属し、妖術に固有な事物、人間、儀礼をそれぞれ指していた。妖術に対するキリスト教の考えを理解するには、それが偶像崇拝と迷信の観念とどのような関係にあるのかを考えてみ

る必要がある。というのもこれらの観念は、創造、受肉、救済といったキリスト教の中心概念の規定を受けた、本質的にイデオロギー的な緊張関係のなかで生まれてきたからである。キリスト教の妖術理論は、それがフェティッシュ的対象と関係していた場合、疑似聖体的代物を迷信とみなす神学的説明によって規定されてきた。こうした説明は、有無を言わせぬ理屈でもって物質的な〝偶像〟は欺瞞的で人造的な肖像の資質を有するという、偶像崇拝に関する教会の一般理論に――すべてうまくいったわけではないが――組み込まれていた。〝偶像崇拝〟に関する言説がその描写の点で不十分であったせいで、中世において妖術（当時のイベリア語でいえば*fechiceria*）という個別の用語が発達することになったのである。

ところで、私は〝フェティッシュ〟という言葉自体の語源も追跡しているので、偶像崇拝をめぐるキリスト教の言説のなかにこの言葉が流入していく話は後に回し、ここではこの言葉の展開にまつわる議論からまずは始めることにしたい。

英語では"fetish"と綴られるこの汎ヨーロッパ語は、言語学的にはラテン語の形容詞*facticius*ないし*factitius*から派生したものであり、その形容詞自体はラテン語の動詞*facere*（つまり〝造る〟）の過去分詞から作られた。[*1] この形容詞*facticius*は、アウグストゥス帝時代にローマの商用言語の一用語として流通するようになったと思われる。というのも、少なくともこの言葉をプリニウス（後二三～七九）が早くから使っていたからである。その著『博物誌』のなかで、*facticius*は〝造られた〟を意味していた。それは、純粋に自然の摂理から産まれた物品（すなわち、人の手で仕上げられたり、手直しされることなく、単に集められて売られる物品）とは対照的に、〝人の手で造られた〟商品の特色を表していた。たとえば、プリニウスは、香料用のラダナムゴムを二種類に分けている。アラビア原産の一つ目の種類のゴムを、彼は〝自然な〟（*terrenum*）と呼んでいる。なぜなら、その樹液が時おり地面に滴り落ちて、そこで凝固した分泌液が固形の状態で回収される、そういった特定の植物からこのゴムは造られているからである。だがこうしたアラビア産のラダナムゴムの埃まみれの固まりと区別されるのが、キプロス産のそれである。キプロスでは、束状に丸められて紐で縛られた植物から樹液が搾られる。プリニウスは、これらキプロス産の固まりを〝人為的な〟（つまり *terrenum* というよりも *facticium*）と呼んでいる。[*2]

多少異なった用法では、この形容詞は人為的な産物であるということよりも産物自体の性格を指している。同じ商品でも自然なものか、人為的なものかの違いはいくつかの性質の点でも異なっている。たとえば、プリニウスによれば、自然のラダナムゴムは砕けやすいのに対して、人為的なそれは耐久性があるという。そのうえ見た目の性質の違いは、実質的な価値の違いを意味することがある。

「……一部の人々は、採掘された［*fossile*］銅の華〔昇華による粉末状の銅〕と造られた［*facticium*］それを二つの点で区別している。造られたものは採掘されたものよりも色が薄く、また品質の点でも色と同じくらい劣っている」。[*3]

ここでは、自然の産物と人工の産物の違いがその産物の見た目（色）の違いの原因となっている。

さらにこの見た目の違いは、それ自体で二種類の品物の価値（つまりこの言葉〔value〕の本来の意味でいえば〝徳〟〔virtue〕）の違いに表れているのである。

しかし、こうしたケースやもっと一般的にいって、見た目の外観が有益な内実の価値を表示するならば、平気で悪事をする業者が結果的に、その内実ではなく、うわべの見た目だけで品物を〝製造する〟ことも可能であろう。言い換えれば、商品を交換する際に、見た目の外観は、使用価値の記号として、商業的詐欺の特殊なケースではそれ自体で価値となりうるということである。プリニウスのところで見つかる *facticius* の最後の意味は、そうした事例に関係したものである。通常はナイル川岸やある特定の水源の地面に見られる、赤茶けた〝塩の華〟〔大粒の天日塩〕を論じた個所で、プリニウスは次のような忠告を与えている。

「これまた混ぜ物をされ、そして赤い黄土によって、またふつうは陶器の粉末によって色づけられる。こんなまやかしは水によって看破される。水は人工の〔*facticium*〕着色を洗い流す。ところが真正の〔*verus*〕ものは油によってのみ脱色される……」[*4]。

ここでは、*facticium* は、「騙すために人の手で物質的に改変された」という意味で〝人為的な〟を意味している。つまり、〝facticius〟は、〝真正〟（*verus*）と対比されている。「人が造ったもの」と「自然が生んだもの」のあいだで道徳的に中立だった対比は、ここにきて（〝真正な〟、〝真の〟という意味で）〝自然的な〟と（〝不自然な〟、〝故意に不正な〟という意味で）〝人為的な〟のあいだで価値に差のある対比となったのである。

要するに、その本来の商業的用法のなかで、*facticius* は、はっきり区別されるが、しかし互いに関係している三つの意味を与えられていた。まず最も単純な意味では、この言葉は、「自然に造られた」に対立するものとして「人の手で造られた」を意味していた。次に、何らかの品物の〝自然な〟品種から〝人為的な〟ものを区別するために、*facticius* が使われる場合であるが、この用法は多少複雑であった。*facticius* のこの第二の意味は、各品種間で内実や機能の点では同じでも、製造方法と性質や価値の点では違っていることを表していた。最後に、この言葉は、〝本物の〟と対立するものとして〝作為的な〟や〝欺瞞的な〟を意味していた。つまり、外見が保証する内実や使用価値を抜きにして、交換価値の記号である外見を〝不自然に〟作ることを意味していたのである。

この言葉のもつ意味のニュアンスは、このように商売の心得に必要ないくつかの特徴や分類を具体的に表現していた。だがその後、*facticius* は、この論理的な意味のまとまりを背負いながら、テルトゥリアヌスやアウグスティヌスらによってキリスト教の言説へと取り込まれることになる。[*5] *facticius* の基本的な意味内容は、神が創造した自然界というキリスト教の宇宙論、つまり人間(あるいは悪魔)の意思による罪への堕落であるとか、救済にいたる真の教会の道と誤った偶像崇拝の道といった議論のなかに移されることによって、新しくも極めて異なった知見のもとに現れることになった。キリスト教の作家たちは、この言葉を三つの文脈で使っていることがわかる。(一)神の似姿である人間の自然な身体に関する神学的議論の文脈。[*6] その意図的な改変が偶像崇拝を作りだす。(二)非迷信的な精神活動の特権的中心であり、非物質的実体である人間の魂に関する議論の文脈。(三) 正統な聖体が同時に私的でも教会的でもあるというその地位に関する議論の文脈、である。偶像崇拝に関する一般理論は、身体・魂・聖体というこの三つのトピックにまつわる諸問題——すなわち、創造、受肉、そして教会による救済に関するカトリックの根本教義によって提起されると同時に解決されるべき諸問題——を解明していく過程のなかで現れることになった。

第一のトピックは、テルトゥリアヌス(一六〇?〜二二〇?)の『見世物について』(二〇〇年頃)なかに見出すことができる。そこで彼は、ボディ・ビルやレスリングの光景を偶像崇拝として糾弾しているのだが、その理由は、こうした活動が「神の御業を凌ぐほどの人為的な身体」[*7]を作ろうとしているからであった。テルトゥリアヌスは、この問題をキリスト教の創造論的宇宙論の枠組みのなかに位置づけている。もし神がアダムの身体を含む自然界を創造し、人間が使用できるすべての自然物を彼に与えたとすれば、自然の一切の事柄を利用する〔つまり体を鍛える〕ことのほかに、どうしてそれ以上の善行がありえようか、という問いに対して、テルトゥリアヌスは、〔神の創造物である〕いくつかの物品が単に殺人を犯すために使われるからといって、殺人が善行であり、許されていることを意味しないと答えている。実際、神はこれとは反対の戒律を命じている。

「世界の創造者である神以外に、誰が金、銅、銀、象牙、木、そして偶像を造る[*fabricandis idolis material*]際に用いられるその他あらゆる物質を世界にお与えになったのか? 神ご自身と対立する礼拝を人間が捧げられるように、すでに神はそのようになされたのか? そうではない。反対に偶像崇拝は、神の目には最悪の罪である。神にとって不快なものがどうして神のものではないのか?

〔その理由は〕神を怒らせるものは神のものであることをやめるからである。そして神のものではなくなると、それは神の目には不快なものとなるからである。あらゆる不正を犯した罪人たる人間自身も単なる神の一作品ではない。人間は神の似姿〔*opus dei, verum etiam imago est*〕であるが、しかしその魂の面でも身体の面でも、自分の創造主と手を切ったのである」。[*8]

テルトゥリアヌスの議論によれば、偶像崇拝的な創作行為の構成要素はそれ自体では悪ではないにもかかわらず、自然界の物品の濫用はすべて（結果的に人間の魂を苦しめる）偶像崇拝の要件を満たすのである。もっと後の神学者たちは、〝自然法〟の神的身分に関する理論を作り出すことになった。つまり、自然の摂理を意図的に妨害することや、自然の類型によって決められた体形を意図的に改変することは、冒涜と見なされたのである。自然の身体が実現することのできる唯一自明なことは、その自然種の型にどこまでも似ている体形を完成させることだったのである。

物質的な身体に関して、キリスト教理論が一貫して依拠した考え方は、類似性の原理である。[*9] アウグスティヌスは、「出エジプト記」の第三四章十七節の戒律「あなたは鋳造の神々をつくってはならない」〔*Et deos fusiles ne feceris tibi*〕[*10]の注解に際し、〝鋳造された神々〟をまさしく「像《イメージ》、ないし手で造られたあらゆる類の神々」〔*gnus simulacrorum au qualiumcunque facticiorum deorum*〕の一つを比喩的に表現したもの〔*locutio est a parte totum significans*〕だと解釈した。[*11] 偶像および非教会的聖体の特徴は、おしなべて仮象（〝像《イメージ》〟、つまり*simulacra*）であり、手で造られたもの（*facticii*）だとされたのである。〝像《イメージ》〟である限り、それらはたんなる外装、見せかけにすぎず、本質的な真理と内的な霊性を欠いている。そして〝人造〟である限り、それらは意図的に変形された物質的本体であり、霊的な観点に立てば意思の無益な行為なのである。

狭い意味での偶像崇拝は、人間の意思で創作されたものであるとか、霊的欺瞞を本質とする聖体の人為的な寄せ集めを礼拝することとして定義される。アウグスティヌスの偶像の解釈によれば、真の神に差し向けられていない、手で造られた崇拝用の像《イメージ》はすべて〝偶像〟である。だがすでにテルトゥリアヌスは、もっと一般的な意味を偶像崇拝のカテゴリーに与えている。彼の議論によれば、この世の救済は教会を通してのみ実現できるのであるから、偶像崇拝を打ち立て、カトリックの礼拝形式に逆らおうとする行為ほど大きな誤ちはない。こうした考えは〔中世において〕極めて大きな影響力をもつようになり、〝偶像崇拝〟はあらゆる宗教的逸脱行為に対する一般用語にまでになってゆく。

「人類の大罪、世界が宣告されている最大の罪悪、最後の審判の全原因、それは偶像崇拝である。私が聞き、理解したところによれば、この欺瞞の本質は、善ではないものを善だと詐称したり、当然の報いを受け入れようとしないことにある。もちろん、人間に対する欺瞞は最大の罪である。ならば、偶像崇拝は神に対する欺瞞である［*idololatria fraudem deo facit*］。なぜなら、それは神に捧げるべき栄誉を別のものに与えて、それを神に拒否するからである……。あらゆる罪は偶像崇拝のうちにある。同様に、あらゆる罪は神の妨害に与するのであるから、神を妨害するものはすべて、偶像［*idola*］を住処とする悪魔やその他の悪霊［*daemoniis et immundis spiritibus*］を原因としている」[*12]。

それゆえあらゆる罪、いやそれどころかあらゆる悪行は、テルトゥリアヌスによると偶像崇拝の新しいキリスト教的上位カテゴリーに属するのである。悪行はすべて偶像崇拝である。なぜなら、少なくともそれは神の意思と戒律を破り、せいぜい何某かの誤った神——堕天使の一つか、そのリーダーである悪魔——の意志に従うにすぎないからである。誤った神（物的偶像＝物体がその〝住処〟となる）を崇拝するために物的崇拝対象を造ることは、それゆえいろいろな種類の悪行の最も典型的な事例にほかならず、神の意思や戒律からの逸脱はすべて、当然にも悪魔の息のかかった偶像崇拝に分類されたのである。

偶像崇拝概念を仕上げる最後の理論的な決め手は、礼拝行為を媒介するものとして物体は不適当であるという点に関係している。この点を最も鮮やかに例証しているのは、間違いなく性的不能に関するアウグスティヌスの議論である。その議論のなかで、魂に由来するとともにそれを揺さぶる自発的な真の信仰の行い（たとえば性欲の断念）から、誤った信仰の行い（物体の世界、特に人体の生殖器官を信仰の対象として見なすこと）を区別するために、彼は *facticius* という言葉を使っている。キリストが性的不能の人を三種類に区別している「マタイ伝」第十九章十二節の注釈に際して、アウグスティヌスは、生まれつき不能の人を *nativum*（これは生殖のオーダーに属している）、他人から物理的に不能にさせられた人を *facticium*（これは手作業、人間業のオーダーに属している）、そして天の国のために自ら不能になった人を *voluntarium*（これは創造的行為、自由意志のオーダーに属している）と、それぞれ呼んでいる。[*13] 彼は、この最後の喜ばしい去勢のあり方を、「自分の心のなかから結婚願望を一掃した両性の若者たち」[*14]という意味あいで説明している。純粋に自発的で霊的な行いによって、このような喜ばしい去勢は、それゆえ人体の生殖器官から自由意志と信仰の器官である魂へと欲求を移動させる。他方、魂を介してというよりも、物質的な身体に直接手を加えて性的欲求を減退させる *facticius* 型の去勢は、真の信仰を埋め合わせるあらゆる行いに必要な自発的要素が省かれている。つまり、信仰の行いが真正の霊性に与っていることを保証するものこそ、まさに物質の影響が一切ないという点なのである。というのも、自然の身体、物質的イメージ〔像〕は、天地創造の時に神が決めた姿を変えることなく最も適切に保っているからである。

偶像崇拝の一般理論は、超越的な神格による創造という宇宙論的な含意に沿って、十戒の最初の二つの戒律の意味を洗練させていった。宗教的な目的のために人体を意図的に改変することは、神が人体に与えた自然の姿を歪め、霊性を詐称する像《イメージ》へと変えてしまうという点において偶像崇拝的である。しかも、このような物質界は礼拝行為にとって不適切な媒体なのである。

人工物〔*corpus facticium*〕の問題は、キリスト教イデオロギーの宇宙論的核心によって提起され、偶像崇拝の一般理論によって解決されることになった。人工の魂〔*anima facticia*〕の問題は、キリスト教の存在論、特に人間の魂の実在性の問題に関係しており、この迷信的観念を偶像崇拝の一般的カテゴリーのなかに組み込むことによって解決されたのである。

キリスト教神学の歴史を通じて、人間の肉体の地位——個別の実体として霊と物質が完全に区別された宇宙にいる肉体を持った霊的代理人としての地位——をめぐる概念上の諸問題は、魂の本性とその力の解釈を通して解決されてきた。三九二年にアウグスティヌスは、旧友のマニ教徒フォルトゥナトゥスとの論争のなかで、神と違って人間は罪人であることを理由に、人間の魂それ自体は神たりえないと主張した。もし神自身の神的な実体からでないとすれば、魂はどのような実体から造られているのかと問われた時に、彼はこう答えている。

「私は魂が神であることを否定する意味で、魂が神の実体であることを否定したのである。しかしながら、魂は創造主としての神からのものである。それは神によって造られたからである［*ex Deo auctore esse, quia facta est a Deo*］。造った者と造られたものとは別である［*Aliud est qui fecit, aliud quod facit*］。造った者はけっして可滅的ではありえず、造られたものは造った者にけっして等しくありえない[*15]」。

この議論に対して、フォルトゥナトゥスはこう返答している。「私は魂が神に等しい［*similem Deo*］と言ったのではない。そうではなくて、魂は造られたもの［*factitiam esse animam*］であり、神のほか何ものも存在しないとあなたが言ったので、神は（ご自身の神的な実体からでないとすれば）魂の実体をどうやって作り出したのか、たずねているのである」。もちろんアウグスティヌスは答えていわく、神は人間の魂の実体を無から［*de nihilo feceri*］創造したのだ、と述べている[*16]。キリスト教の教義によれば、人間の魂は神の神的実体という素材から造られた（*facticius*）ものではない。そうではなく人間の魂は個別の実体であって、それは神の神的本性とはまったく異なる彼自身の持つ人間本性とともに、無から創造されたのである（ここに神的本性と人間本性を一つとするイエスの受肉の神秘が由来する)。それゆえ、神は自分の似姿であるアダムの身体を含む自然の物質界を創造しただけでなく、人間の魂も創造したのである。人間の魂は一つの個別の実体であって、先在した(神的ないし霊的な)素材から造られたわけでも、神自身の実体から生み出されたわけでもなく(神の系図に与れるのは神の子キリストだけである)、むしろ人間に固有の特殊な実在として無から創造されたのである。

人間の魂は、創造された実体から構成され、その本質は個々の人間の物的身体と一体となることにある。天使たち——異教徒たちから〝神々〟と呼ばれ、キリスト教徒たちからは悪魔とされる堕天使を含む——もまた、創造された実体から構成されているのだが、しかし天使は物的身体との関係がないために、人間の魂とは区別されている。そのうえ魂は生命原理として理解されているので、人間の魂とその他の生物の魂の間をさらに区別することが必要となる。キリスト教の世界観では、植物と動物は不滅の魂を持たない。動植物は魂をもってはいるが、その魂の実体は霊的というよりも肉的なものだからである。「野獣の魂は肉体のなんらかの力によって生み出されたのに対して、人間の魂は神によって生み出されたのである」(聖トマス・アクィナス『神学大全』第七五問題、第六項)。こうした魂は動植物の体の生命機能の様態として、自然界の万物を統べる生殖と衰退の原理に従っている。自然は、自由意志を持つ霊魂の領域から論理的に区別された被造物の領域である。それゆえ霊魂の実体が物質的になることはありえない。なぜならそれも創造されたものだとはいえ、魂は永遠だからである。

物的身体に関する議論が似像の比喩を軸に展開されてきたのに対し、魂に関する議論は信仰の自由な行いというカテゴリーに依拠してきた。[*17] 信仰が（どこまでも自由に神がなす創造の行いに倣って）魂の自由意思による行いであるのに対し、肉体の行いはせいぜい霊の働きの似像や幻影を造り出すことしかできない。人間の魂に固有の霊的活動をめぐる議論において、偶像崇拝概念は内的な信仰というより外的な形態に力を入れる宗教慣習の一切を含むところまで拡張されることになった。まさにこうした仕方で、偶像崇拝のカテゴリーは伝統的な迷信概念（*superstitio*）と関係を持つようになったのである。

偶像崇拝の理論が涜聖的な崇拝対象に関わるものであるのに対し、迷信の理論は不適切な宗教的態度が原因で生まれる崇拝形態に関わっている。とりわけ迷信〔*superstitio*〕は、誇張ないし過剰な、つまり度を越えた礼拝慣習を生み出す宗教的感覚を指してきた。『神々の本性について』のなかで、キケロは迷信の伝統的な事例として「わが子が自分より長命であることを日夜犠牲を捧げて祈っていた者たち」（第二巻、二八節）を挙げている。どうすれば正しく神的な力と真に結びつけるのかという人間の感覚を言い表しているのが宗教〔*religio*〕であることから、ラクタンティウスは次のように迷信の基本的な定義を下している。すなわち「宗教は真の［神の］礼拝であるのに対して、迷信は誤った［神の］礼拝である［*religio veri cultus est, superstitio falsi*］」。[*18]
『キリスト教の教え』のなかでこの考えを展開したアウグスティヌスの議論によれば、誤った宗教的態度は、はっきり異なる二つの偶像崇拝の形態へといたることになる。

「偶像を造り、それに祈りを捧げるために人間によって設けられたものは、すべて迷信的である。神に捧げるのと同じ礼拝を一被造物に捧げることや、悪霊たちに伺いを立て、暗黙・明示を問わず、なんらかの契約やしきたり――例えば魔術〔*magicarum artium*〕で用いられるような――を彼らと行うこと〔*consultationes et pacta quaedam significationum cum daemonibus*〕は、すべてそうである」[*19]。

続けてアウグスティヌスは、偶像崇拝的な迷信形態と、（意図した効果をあげることのできない迷信的慣習という意味で）〝無益な祭祀〟と呼ばれることになる形態を区別している。キリスト教の迷信理論は、その最盛期には、迷信的崇拝を四つの基本形態に区別していた。まず教会の真の宗教礼拝の枠内で迷信的に肥大化した慣習。次に誤った神の偶像崇拝的な礼拝（つまり上辺だけの礼拝）。そして二種類の非宗教的迷信。つまり未来を見通そうとする占術〔divination〕と、良い効果を引き寄せ、悪い効果を遠ざける〝無益な祭祀〟である。常に占術の対象は、その予言めいた言葉で人を虜にする悪霊であると見なされた。そして悪魔との交わりは、物理的な行いというよりも言葉のやり取りによるものと考えられた。つまり、呪文、祈祷、対話、神託、そして契約である。このようなもっぱら言葉によるやり取りは、キリスト教的な観点では、ある程度自発的なものであり、物質的な営みというよりも霊的な営みに特有のものであった。キリスト教のこのロゴス《音声言語》中心主義によって、人間の自発的な行いはすべて非物質的な霊によるものとされたのである。他方、〝無益な祭祀〟は、自然の摂理と法則を人間が妨げる手段を探し求める物理的な行いであると考えられた。〝魔術〟〔magic〕という言葉は、これらの二つの部類〔占術と〝無益な祭祀〟〕が知識（*ars*）に基づいた体系的な行いであると自称する限り、この二つのどちらかに適用された。というのも、キリスト教的な用法で〝魔術〟とは、ほぼ一貫して悪魔を呼び出す呪文を含意してきたからである。

だが、どの程度の要件を満たせば、この無益な祭祀が偶像崇拝となるのかについては、多少曖昧なところ（「厄介な案件」）があった。ある人々にとっては、悪魔を呼び出す明確な呪文がない場合には、下層民の単なる迷信的風習として大目に見られることもあるが、また別の人々にとっては、神の権能以外の非自然的な力を迷信的に追い求めることは偶像崇拝的であり、言語道断だとされたからである。つまり、たとえ悪魔が呼び出されなくても、この無益な祭祀が宗教的自己欺瞞のあらわれだとすれば、あらゆる霊的欺瞞の真の首謀者こそ悪魔だとされたのである。だが個々の思想家がどのような立場をとるにせよ、このような迷信的慣習に必ずつきものの物品は、やはり違法な聖体的代物であると見なされたのである。

真の信仰に固有な魂の非物質的な行いと、迷信的偶像崇拝の単なる上辺だけの行いの区別は、人間の魂を霊的実体だと見なす正統教義にその理論的基礎をもっていた。このような信仰観は、人間や動植物のような姿を取らない崇拝形態だけが正統であることを含意しているように見える（つまり、アデルフィウスからムハンマドを経てカルヴァンへと至る〝抗議する者《プロテスタント》〟たちが取った立場）。しかし、ほぼ教会が始まった時から、聖遺物や聖人の崇拝は採用されてきた。像《イメージ》の教育的価値に関して、晩年の教皇グレゴリウス一世（五四〇？〜六〇四）が唱えた〝文盲の聖書〟説は、象徴的技芸のもつ寓意的な価値のゆえにそれを使うことにお墨つきを与えた。さらに、ある物的対象

〔聖別されたパン〕は、教会自体の主要な聖餐儀礼に人々の目を向けさせることになった。そのため、聖体の真贋を評価する明確な理論が必要とされたのである。このような理論は、神の受肉の観念を教会制度まで拡張することで最終的に確立されることになった。

キリストは、地上で神が肉体をもって現れた唯一の姿であり、その十字架上の犠牲を通して救済へといたる唯一の道である。しかし、彼は最後の晩餐で救済という神の権能と、この権能をほかの人々に与える能力を自分の弟子たちに授けた。こうして教会の役務者たちからなる単系聖職制が始まった。すなわち、最後の晩餐のパンに倣って、聖体拝領のホスチアはキリストの受肉という無二の出来事を祝福し、そこに発する人間の魂を救済する教会権力を改めて打ち立てたのである。プロテスタントの宗教改革がはっきり明らかにしたように、物的対象の一切に神の権能を拒否することは、それ自体で、物質界における人間の救済の仲介役たるカトリック教会の正統権力を否定することになったのである。

最後の晩餐のパンは教会の主要な聖体であるが、それ以外にも聖別される品々は、（小十字架、聖人の聖牌、結婚指輪のように）数多くある。それらは、教会の権威を通して、恩寵を祝福し、それを持ち主に授ける力を正統に具現するものと見なされる。[20] キリスト教の聖体は、それがもつ真の効験とともに、迷信や偶像崇拝のそれと次の本質的な二つの点で区別される。まず私的な信仰を構成する自発的な要素が欠かせないということ、次に教会という取次機関を介して事物に力を与えるということである。とりわけ、物的対象が信仰と神的な力の伝達手段となるには、教会を経由するしかない。

もちろん、こうした聖体はすべて人の手で造られたもの〔ホスチア、十字架、指輪、聖人像〕であり、手つかずの自然物や場所や動物ではまったくない。だが教会が聖なる力をこれらの聖体に授ける際の行いは、それらが物質的に造られる際の行いとは区別される。誰もが礼拝のための物品を造ることはできても、信者の共同体のためにそれらに力を授けられるのは教会の司祭団だけだからである。それ以外の事物はすべて偶像（*idola*）となる。この言葉は、ヒエロニムスが四世紀終わりに翻訳した聖書〔ウルガータ〕のなかで、多くのヘブライの言葉をまとめて指すために用いられた（〝偶像〟という一般的カテゴリー自体、キリスト教イデオロギーが発達したこのラテン時代の産物であった）。

すでに論じたように、偶像崇拝の誤謬は、単なる物的事物や外的形態を無益にも礼拝するか、あるいは悪霊に加護を求め、それと交わる際の媒体として物質的偶像を使用するか、そのどちらかを必ず引き起こすと考えられた。だが偶像崇拝という一般概念がどの程度まで〝無益な〟迷信的慣習にまで拡張されるべきかについては、なおも係争中であった。アウグスティヌスは、〔『キリスト教の教え』のなかの〕有名な一文で、占師や易者を使って悪魔に呪文で伺いを立てるような明らかに言語道断な慣習と、一緒に並んで歩いている二人の友人の間を通るものは〔友情を裂くという理由で〕なんでも踏みつぶすといった「〔民衆の〕無数の愚にもつかない習慣」〔〝*millia inanissimarum observationum*〟〕を区別している。[*21] 彼が挙げる「愚にもつかない習慣」の事例はどれも迷信的な振る舞いを必ず伴うが、これは物品を造ることとは対照的である。というのも、〝護符とか神癒〟〔〝*ligaturae atque remedia*〟〕や、健康と安全を願って身につけるいろいろな装飾リング等の物品〔を造ること〕は、占術や呪文と同じように断罪されるからである。これらの物は〝自然の力〟を利用しようとする真面目な試みだとする主張を、アウグスティヌスは退けている。それらは自然の力とは別のものに訴えており、悪魔に加護を求める明白な企てとして断罪すべきものだからである。だがこうしたアウグスティヌスの立場は、〝自然の力〟のなかにどのような力が実際に含まれているのかという問題を回避している。こうした概念的グレーゾーンのなかから、いくつかの迷信的慣習やそこで用いる物品を指し示すために *facticioso* や *factura* という言葉が中世に姿を現したのである。

第二節　教会法における〝Feitiçaria〟——妖術と魔術

妖術をめぐる議論と *feitiçaria* という言葉自体は、これまで検討してきた偶像崇拝と迷信のカテゴリーに基づいているとはいえ、キリスト教神学というより、キリスト教の教会法によって発展を遂げてきた（ないし少なくとも受容されてきた）。神学的な議論では、物質上の類似および言葉による自発的な祈願と約束というその論理の枠内では、決して〝無益な祭祀〟を十分に概念化することはできなかったからである。だがそうはいっても、一貫した妖術理論がどれも中世末期に構築されたものである限り、偶像崇拝や悪魔との契約という観点からその概念化は試みられてきた。ポルトガルの旅行記では「偶像崇拝と妖術」という具合に、そして妖術に関する十六世紀のスペイン語の論文では「迷信と妖術」という具合に、常にペアのフレーズで表現されているところをみると、偶像崇拝の理論が〝妖術〟をめぐる言説を確定することに（ましてや指示されている実際の現象を説明するとなればなおのこと）概念上失敗してきたことを物語っている。

キリスト教の魔女法の歴史は、三つの局面に分かれる。最初の局面は、四〜五世紀の初期のキリスト教徒の皇帝たちのもとで布告された諸法――これらは最終的にテオドシウス法典にまとめられることになる――の時期である。第二の局面は、中世のヨーロッパ法の時代である。つまり監督法を皮切りに、十二世紀の市民法の再興を経た後の法典や王法がそれにあたる。最後の局面は、魔女を異端審問にかける裁判権を認可すること（これによって妖術それ自体を異端と見なすことが可能となった）[*22]と、妖術に対するスコラ学の異端審問的な考えを世俗の裁判所が採用したことによって特徴づけられる。西アフリカに持ち込まれた *feitiçaria* 概念にとって、この最終局面との関連性はほとんどない。

最初のキリスト教法典であるテオドシウス法典は、四三八年に布告されている。この法典のいくつかの項目には、宗教的・魔術的慣習を取り締まる法律が記録されている。これらの法を調査することは、コンスタンティヌス帝からテオドシウス帝までの時代の宗教政策をめぐる争いの文脈にキリスト教の神学者たちの発言を位置づけるのに役立つだろう。たとえば、神々を邪悪な悪魔だと見なす神学的な解釈によって、公共礼拝やキリスト教徒ではないローマの元老院議員の伝統的な宗教権威は非合法化されることになった。実際、迷信的な魔術的慣習を罰するテオドシウス法典の主たる対象となったのがこの階級であった（対〝異教徒〟と対〝異端〟との論争は別個の問題であったため、異端を取り締まる諸法は法典の別の項目に組み込まれた）。[*23]

関連項目には、「妖術師、占星術師、そしてその他罪人の類」[*24]というタイトルがついている。これらの法の大半は、〝占術〟（*art divinanda*）に分類されている慣習に関するものであり、それらは *maleficia* として断罪されている。*maleficia* とは、文字通りには「邪悪な行い」――それゆえ英語では「悪人」〔malefactor〕――を意味しており、邪悪な行為には悪霊の超自然的作用が必ず伴うという含みがこの言葉にはあるため、通常は魔術、魔法、ないし〝妖術〟〔witchcraft〕と訳される。法律上のカテゴリーとしては、*maleficia* は、宗教的な涜神の罪を伴っていた。このカテゴリーのなかに見られるのは、鳥卜官[*25]〔*augures*〕、臓卜師[*26]〔*haruspices*〕、神官[*27]〔*sacerdotes*〕、占師〔*harioli*〕と霊媒師[*28]〔*vates*〕、数卜師[*29]〔*mathematicii*〕、カルデア人〔*Chaldaei*〕とマギ〔*magi*〕、夢占師たち、そしてその他さまざまな魔法の占術を行う人々である（寛容な皇帝だったヴァレンティニアヌスは、その持ち前の寛容さから腸卜に許可を与えようとした際に、腸卜は宗教的迷信のカテゴリーの枠外にあるのだから涜神と見なすべきではないとして、腸卜が *maleficia* に分類されるのは当然だとする見解を否定した）。

キリスト教の政治権力の主たるライバルたちは宗教的な機関として鳥卜官と臓卜師を擁していたが、テオドシウスの宗教法典の役割はもっぱらこうした礼拝慣習を規制し、禁止することにあったわけで、まさしく卜占の罪も *maleficium* のカテゴリーに含まれた。無益な祭祀もまた涜神となる可能性があり、次に引用するのは、下層階級の間のこうした迷信的慣習に向けられたコンスタンティヌス法の一つである。この法は、有害な魔術的風習と罪のない〝治療法〟や豊穣の儀式との間に区別を設けている。

「魔術〔*magicis artibus*〕を身につけ、人間の安全を脅かすことを行ったり、有徳な精神を欲望へと仕向けたことが明らかとなった人間の業は、厳罰に処され、そして当然の報いとして復讐を受けねばならない。しかし、人体のためを考えた治療法〔*remedia*〕は罪の非難に含めるべきではないだろう。良く実ったブドウの収穫に雨の心配がないように、あるいは激しい雹のあられのせいで収穫が台無しになることのないように、無邪気にも農村地帯で行われている天佑神助もまた同様である。なぜなら、こうした願望によって人間の安全や評判が損なわれることは一切ないからである。むしろ彼らはその行いによって、「自然による」神の恵みと人間の労働が台無しにならぬようにするのである」（『テオドシウス法典』第九巻、十六章、第三法文）。

アウグスティヌスの神学では、超自然力への迷信的な訴えとして〝治療法〟と無益な祭祀が断罪された。しかし、初期キリスト教の法典ではこれらの地位は、〝安全や評判〟への損害が認められないために、罪深い涜神だとは認定されていない。

テオドシウス法典には、最も許しがたい最高ランクの重罪リストがいくつか含まれている。そのリストに含まれているのが、邪術〔*veneficium*〕と妖術〔*maleficium*〕という紛れもない言葉である。

邪術は毒殺術を指すが、もっと一般的には、他人になにか特別な効果（死や恋）を与える頓服薬や媚薬の調合の際に、薬草や効果てきめんの物理的薬物を用いることから立証される魔法を指す。ヒエロニムスは、「列王記下」を訳す際、イゼベルの〝まじない〟（「列王記下」九－二二）を表現するために *veneficia* の単語を充てている。だがジェイムズ一世による欽定訳聖書が〝まじない〟と呼ぶものに、ウルガータ聖書が充てる一般的な言葉は、*maleficia* である（「申命記」十八－一〇、「ミカ書」五－十二、「ナホム書」三－四、そして最重要箇所の「出エジプト記」二二－十八などを参照）[*30]。邪術と妖術の区別は、自然の物質のほとんど知られていない力がもたらす効果と、非物質的な精霊が、そしておそらくは明確な類型として魔女〔*venefica*〕の民衆的イメージの力強さがもたらす効果という二つの効果の間の線引きの曖昧さによって可能になったのである。

妖術〔*maleficium*〕と邪術〔*veneficium*〕の間の区別は、キリスト教化された西ゴート族の短命に終わったイベリア王国の法典に残された。レケスウィント王がアリウス派からカトリシズムへ改宗した六五四年頃に作られた『西ゴート族法典』は、ゴート族とイベリアのローマ化した先住民の同化を促進させる法体系を生みだした（それは七一一年のイスラム征服によって法典と王国がともに一掃されるまで続いた）。キリスト教の再征服後、十一世紀に国家を建設した王たちは『西ゴート族法典』を復活させている（それは『フエロ・フスゴ』としてスペイン語に訳された）。

テオドシウス法典に倣うかたちで、西ゴート族法典のなかで信仰表明の資格を失ったもろもろの罪人リストには、妖術師〔*malefici*〕と邪術師〔*venefici*〕が含まれていた[*31]。スペイン語の『フエロ・

フスゴ』は、それらを"*sorteros*"と"*los que dan yervas*"（"易者"と"薬草の頓服を処方する人々"）という風にそれぞれ訳している。[*32] 西ゴート族法典のなかで魔術の罪を扱っている部門は、次のようなタイトルで同じような区別を行っている。《*De maleficis et consulentibus eos, atque veneficis*》（『フエロ・フスゴ』はこれを次のように訳している。「邪悪な者ども、彼らと相談する者、そして薬草を与える者」）。ここでは *maleficia* は、占術と結びついている。つまり、妖術師〔*malefici*〕は、*ariolos, aruspices, vel vaticinatores* なのである（『フエロ・フスゴ』はそれぞれ、易者、誘惑者、占術家と訳している）。テオドシウス法典と同様、罰則は、妖術師自身はもちろん、彼らに伺いを立てる人々に対しても向けられた。西ゴート族法典の特別な政治的関心は条項に明文化されている。君主やその種の人物（*principis, vel cuiuscumque hominis*）の健康や死について占師たちに伺いを立てることは禁じられた罪だというのがそれである。また別の部門では、つねに悪魔への加護を求めて（*per invocationem daemonum*）害悪を引き起こす妖術師自身の様々な罪が扱われている。「妖術師たちについて」と題された三つ目の部門では、とりわけ「毒草の頓服」（*las yerbas*）、すなわち被害者の服用について言及されている。四つ目の最後の部門は、妖術や様々な結紮紐[*33]（*por encantamiento ó por ligamiento*〔妖術と結紮紐によって〕）が民衆やその家畜・作物になした害悪に関するものである。ここでいう結紮紐[†1]は、邪術師というよりも悪魔を呼び出す妖術師と密接に関

---

†1　血管をしばって血行を止める糸のこと。

係している。魔女〔*venefica*〕による頓服がそれを飲むことで力が発揮される調合薬であるのに対し、結紮紐は、それが作られた後は継続的な力を発揮し、通常は身につけるために作られた、もっと恒久的なものである。

この文脈で *facticius* から派生した言葉の最初の使用は、管見の限り、一一七六年の『テルエル管区』〔*Forum Turolii*〕のなかである。これは、アラゴン王国のテルヴェルのための自由都市法典である（この都市建設期にアラゴンとカスティリアの諸都市のその後のすべての国王憲章のモデルとなったのがこの法である）。流産を誘発するやり方を教えるといった、女性の罪を扱ったこの法のパートでは、まず「結紮紐について」という部門が、そして「女性による薬草の魔力について」〔*De mullere facticiosa*〕と題された部門が続く。[*34] 最初の部門では、男性や動物、あるいはその他のもの向けの結紮紐をこしらえる〔*ligaverit*〕女性について触れている。第二の部門では、薬草を扱う〔*erbolaria*〕、ないし薬草の魔力〔*facticiosa*〕をもつ女性が挙げられている。薬草を扱う〔*erbolaria*〕というのは、明らかに邪術師（*venefici*、すなわち〝薬草の頓服を処方する人々〟）と関係がある。ただ、薬草を扱う〔*erbolaria*〕、ないしこの ***erbolaria*** を下位概念として含むもっと一般的なその他なんらかのカテゴリーの類義語としてここで登場している薬草の魔力〔*facticiosa*〕の特定の意味については、私にはよくわからない。この法典の次の部門が薬学〔*De medicatricibus*〕と題されているので、この並びでいえば、個人の身体の状態に特定の効果を与える、なにがしかの物質の処方を示唆しているように思われる。

デュ・カンジュ（一六一〇～八八）は、その中世ラテン語の注解書のなかで、民衆の会話から生まれてきたとされるいくつかの関連用語について言及している。*factura* という言葉は一三一一年の教会会議文書のなかに現れている。「呪文、涜神、占い、または魔法といった、ファクトゥラ〔*Facturae*〕または香具師の奇術と呼ばれるもの」[35]。デュ・カンジュによれば、ファクトゥラとは、日常会話では、妖術〔*maleficium*〕ないし占術〔*sortilegium*〕の同義語であった。人気のあった『聖ベルナルドの生涯』は、"*hoc malefica arte Facturae*" について触れている[36]。これに相当する当時のフランス語は、「造られる」〔*faiture*〕である。*faiturier* とは、占師〔*sortilegus*〕ないし魔法使い〔*veneficus*〕を指し、*faicturerie* は妖術を意味していた。似たような言葉は同時代のスペイン語でも発達した。カスティリャ王国の基本法として一二六〇年に西ゴート族の『フエロ・フスゴ』に取って代わったスペインの『七部法典』〔*Partidas*〕は、*fechura*（魔術的なものを造ること）という言葉や、*fechizo*（そのように造られたもの）や *fechicero*（魔術的なものを造る人）といった言葉を使っている。『七部法典』のなかで魔術を扱う部門は、三つの独立した法に分けられている。第一の法は、さまざまな種類の占者（*adevinos*）について、二番目の法は *fechicero*（魔術的なものを造る人）について、そして三番目の法は *truhanes*（詐欺師）について、それぞれ言及している。具体的な効果の実現を目的としたあらゆる魔術的慣習（これは占術が知識の獲得を目的としているのと対照的である）が見いだされるのは、*fechicero* の法のなかにおいてである。それゆえ *fechiceiria* には、なんらかの具体的な効果を発揮するための手段として悪霊に祈ったり、恋に溺れさせ、死なせ、病気にさせるために草〔*yervas*〕を調合したり、あるいは「蜜蝋や金属やその他フェティッシュ〔fechizos〕の像を造ること」が含まれるのである。*37

だがスペイン語が発達するにつれ、*fechizos*、*fechicero*、そして*fechiceiria*の綴りの〝f〟は、*hechizos*、*hechicero*、そして*hechiceiria*のように近代スペイン語の綴りである〝h〟へと変化していった。

十二世紀末、ポルトガルが王国として姿を現すと、ポルトガル語は一つの個別の言語として見なされるようになった。そして一二七三年から一二八二年にかけて、スペインの『フエロ・フスゴ』と『七部法典』はポルトガル語に翻訳される。妖術を言い表す際に最もよく使われたポルトガル語の単語は、*feitiço*、*feiticeiro*、そして*feitiçaria*である。とりわけ一三二〇年代の教皇ヨハネス二十二世による魔女勅書と、そこから生じた異端審問の隆盛を経て、妖術を言い表すさらに一貫した言葉が各国で発達した。すなわち、スペインでは*hechiceiria*、ポルトガルでは*feitiçaria*、フランスでは*sorcellerie*、ドイツでは*hexerie*、そして英語では“witchcraft”がそれにあたる。ラテン語の*Maleficia*は、学者言葉のなかに残ることになった。教会裁判所と世俗裁判所による管轄権をめぐる争いは、間違いなく用語の使い方に一定の規則を与える重要な原動力となった。

ポルトガルの魔女法は、一三八〇年代の〔ペスト等の〕社会危機によるアヴィス王朝の勃興とともに始まる。一三八五年、新王ジョアン一世（一四三二〜一四八一）は、首都リスボンで反魔術令を公布した。その目的は、「このリスボンの町で極めて古くから行われてきた重罪」を一掃することであった。これらの「偶像崇拝の罪と邪悪な習慣」の性質について、そのいくつかが詳しく列挙されている。

「なん人も、フェティッシュや結紮紐を使用ないしそれに働きかけたり、あるいは悪魔を呼び出したり、祈祷を行ったり、呪文を唱えたり、カバラの象徴や有害な呪文を作ったり、夢を解釈したり、魔法をかけたりしてはならない。また外見から禁止の可能性があるものならどのようなものであれ、籤引きをしたり、運勢を占ったり、予言をしたりしてはならない……」[*38]。

一四〇三年、ジョアンは、*Dos Feiticeiros*〔『妖術師』〕という名の、もっと簡潔で全国的な反魔術法を制定した。この法律はもっぱら財宝を獲得するために魔術の手段に訴える違法性を立証することに関係していた。このかなり大雑把な法律は、アフォンソ五世(一三五七〜一四三三)によって十五世紀の法典に組み込まれると、ポルトガルが西アフリカと最初に接触した時期に、*feiticeiros* に関する主要な国内法となっていた(ただし、ジョアン一世の一三八五年法や〔エルクラーノの文献〔*38を参照〕一六六頁に引用されている〕エヴォラ大主教の一五四三年憲章のような市の法律は、非合法とされる正確な諸慣行について、かなり細部まで踏み込んでいる可能性はある)。さらにこの期間のあいだ、ポルトガルの異端審問は下火になっていた。実際、一四七八年にフェルディナンドとイザベル〔=カトリック両王〕によって創設された、ポルトガルにとってのイベリアの主要なライバル〔=イスパニア王国〕の有名な異端審問[†2]は、それ自体では魔女というよりもむしろ大部分ユダヤ人と〝新米キリスト教徒〟に関係していた。確かに十五〜十六世紀のポルトガルでは妖術は喫緊の問題関心ではなく、これは結果的にポルトガルの帝国主義者たち（彼らはギニアの征服に失敗すると、交易によってギニアを搾取することに力を入れた）がアフリカ人の宗教を*feitiçaria*として特徴づけるようになった、おそらく理由の一つである（つまり、魔女の大流行に相応しい言葉の強い意味で想定される〝魔女ども〟〔"witches"〕とは誰も取引などしなかっただろうからである）。

さて、フェティシズムの起源物語について、以上のかくも長々しい前置きを要約しよう。すなわち、フェティッシュ概念の基本要素は、*feitiço*という中世の概念のなかには見られないということである。妖術について教会神学の枠内で考えられていたような*feitiço*概念は、本質的なフェティッシュ問題、つまり物的対象の社会的・私的価値の問いを提起することはなかった。そうならなかった理由は、偶像崇拝の論理によって、物的対象の身分が像《イメージ》の身分へ、つまり類似の原則に従って複数の霊的な代理表象のあいだに関係を生み出す受動的媒介の身分へと追いやられたからである。また偶像崇拝の論理は、事物の新たな霊的身分を創り出す物的フェティッシュの製作者の力を、音声中心主義的な自由意志の代理表象――それが持つ霊的に有意義な働きこそ言葉による契約関係の締結であった（そしてこの契約関係が持つ霊的に有意義な効力は非物質的な魂の身分へと及んだ）――へと追いやった。物質的な像《イメージ》という考えによって、フェティッシュ＝物の独自の起源には、つまりはそれを生み出してきた歴史のプロセスには、まったく意味がないとされたのである。類似の原則によれば、フェティッシュ＝物はいま問題となっている像《イメージ》のように、完成品〔end product〕の似像であった。それに加えて、意図的な悪魔の呼び出しと言葉による契約という観念によって、自由な霊力と道徳的価値を物体それ自体に帰すことが一切封じられたのである。これは、魔術的な占術のなかに見て取れる新しい知識が、すべて悪霊の言辞に由来するものだとされていることからも明白である。その一方で、魔女〔*venefica*〕、巫女〔*ligatrice*〕、そして*feitiço*製作者の物理的な製造能力は、物質の成分を調合する手順の正確さが決め手となる、その効果にあると考えられた（これは口頭の決まり文句——つまり呪文——が伴う時ですら、〝自動的に〟そう考えられた）。すなわち、目新しさ〔novelty〕の原理（つまり神託と霊的交流の原理）は、非物質的な言葉を介した相互作用に由来するものとされ、物理的な製造からは締め出されたのである。これは、聖体拝領（およびその他教会による秘跡の品々の正当な制作）のモデルに則っており、このモデルには、ホワイトヘッドなら「新奇さの進入」とでも呼ぶもの（ドゥルーズならそれを「差異の反復」と呼ぶだろう）を許容する不確定性の瞬間というものが存在しない。神的能力の新しい啓示のモデルは、たとえ中世の教会が神・キリスト・聖霊による物理的な奇跡の現実を受け入れて下部会派の異なった宗教理解に同意したとしても、本質的には言語的なもの（言葉にもとづく預言と聖書）であったからである。このパラダイムとは対照的に、フェティッシュ思考のモデルは、経験世界の偶然性の枠内で、新奇な神的能力が物的な対象と身体的な固定性に具現することがどうしても必要とされたのである。

---

†2　十五世紀以降、スペイン王の監督の下にスペイン国内で行われた異端審問のこと。カトリック教会の設置した伝統的な異端審問所とは異なる組織。宗教的な理由というよりも改宗ユダヤ教徒やイスラム教徒に対する政治的な思惑が設置に大きく関わっていた。

社会的価値と人間本位の力（これこそフェティッシュ問題の基礎をなす）を具現する物的対象の権能に関して、このほかには中世キリスト教文化のなかに問題は存在しなかった。物的対象は、（一）教会の神的権力が作り出す真正な秘跡の品々のようなものとして、（二）悪霊がその品々を媒体として利用することから、（三）占星術的な影響から、そして（四）幾つかの物質に本来的に備わっている〝自然な魔力〟から、それぞれ特殊な諸力を帯びるとされたからである。この最後の手段（四）は、中世のメンタリティは〝魔力〟を受け入れやすいという想定からしばしば説明される。明敏なポルトガルの歴史家オリヴェイラ・マルケスは、「この時代は魔力がまともに信じられていたことは強調しておかねばならない[39]」と書いている。彼が挙げる例は、多くの裕福なポルトガル人が台所用品と共に保管していた *linguero* である。

「……*linguero* とは蛇の舌や（ガラス玉や蛇行石のような）多数の稀石をぶら下げる一種の棒であり、それに魔術的な価値が与えられていた。こうした護符やその他のお守りは、それが汚染された（つまり毒を盛られた）食物に近づくと、変色してまだら模様となり、血を流しはじめさえすると民衆は信じていた。『国王ディニス一世の財産目録と収支報告書』には、極めて奇妙な名前を持ったものを含む若干の石が記載されているが、それらはまさしくこの目的のために使われたに違いない。また、それは〝サソリの歯〟や〝銀の杖の先に吊るされた骨〟といった品目にも言及している[40]」。

このような対象がひろく一般的に受け入れられていたことは、次の点を示唆しているように思われる。すなわち、*feitiço* という言葉に特有な文化的地平の枠内では、のちの啓蒙主義の精神なら迷信的と烙印を押すようなその〝魔術的〟作用が、物的対象それ自体から省かれているような感覚はなかったということである。しかし、仮にそういう感覚があったとしても、*linqueros* のような対象が、その使用者たちからどのような意味で〝魔術的〟だと見なされていたのかは明らかでない。スペインの異端審問所の初代長官にして禁欲的な狂信者であったトルケマダ自身、よもや〝黒魔術〟に手を出したことなどなかったとはいえ、毒入り食物を探知するために食事毎に〝ユニコーンの角〟を使って、一服盛られているのではないかという強迫的不安を鎮めていた。[41] だが中世のヨーロッパが〝魔術〟を広く信じていたと見なすよりも、中世のキリスト教知識人たちが物質界を考察する際に依拠した類似の原則と類推的照応の原則に裏打ちされた歴史の論理、ないし〝エピステーメー〟について語るほうがおそらく間違いはもっと少ないであろう。[42] このような知的枠組みにおいては、*linqueros* や *feitiço* といった対象は、本来の〝魔術〟が物的存在の動きと力を支配する〝自然法則〟の侵犯を意味するとすれば、確かに魔術にはあたらないと見なされていたのかもしれない。この問題に関する中世末期の精神状態の概念上の曖昧さは、〝無益な祭祀〟という宗教的身分をめぐる初期キリスト教の理論のなかにすでに見られたものと同じである。

十五世紀の精神と十八世紀の精神の間で、物的対象のもつ自然の力という概念に根本的な変化が生じた。なぜならポルトガルの異端審問は、十八世紀の精神によってポンバル（一六九九〜一七八二）の影響力のもと、「世界を維持するために神が設置した自然法則を、悪霊は魔女や魔術師との契約によって変更することはできない」[43]という規定へと方向を変えたからである。物的対象というこの新しい考え方——啓蒙主義的イデオロギーによって科学的客観性の態度だとされるもの——の出自を探索するなら、その場所の一つは、商人の冒険家たちが〝ギニア〟海岸の経験を記述した十六〜十七世紀の報告書のなかである。これらのテクストでは、物的対象の実相は技術的で商品化可能な使用価値の観点から眺められ、その使用価値の〝リアリティ〟は異文化間を横断する言葉なき〝通訳能力〟によって証明されることとなった。それゆえ、物的対象が帯びているその他の意味と価値は、すべて〝理性〟なき民族の文化固有の妄想であると理解されたのである。十八世紀になると、この唯物論的態度は、(ガッサンディその他の人々によって復活をみる)エピクロス主義者たちの初期の機械論的・無神論的な唯物論イデオロギーと結びつき、啓蒙思想に特有の唯物論的見解を生み出した。西アフリカ海岸でフェティッシュという新しい観念が作り出され、その後、それはフェティシズムの一般理論へと精錬されていくことになるが、それは新しい歴史的な問題圏がキリスト教思想の地平の外部で生まれたことを示すものであった。

第三節　ポルトガル圏ギニアの*Feitiço*

一四三六年にセネガルの河口に最初に上陸し、アフリカの黒人社会と対面したポルトガル人にとって、サハラ以南の地域に関して、当時広まっていた二つの常套句があった。すなわち、〝ギニア〟は完全な社会秩序を欠いた土地であると同時に、世界の金の源泉であるというものである。ヘロドトスにはじまるヨーロッパの文芸作品は、砂漠の南の森にすむ巨大な金堀りアリの話や、未知の部族との沈黙交易を伴う奇妙な儀式の話などを伝えてきた。富のすべてを体現してきた、かの最も望ましい物質〔金〕の神秘的起源の土地であるにもかかわらず、その社会はあまりにも酷い無秩序であったために記述に耐ええなかったのだと言われてきた。例えば、十世紀のアラビアの地理学者イブン・ハウカルはこう述べている。

「私は、西〔アフリカ〕の黒人の国々も、ベジャやその他の地域の民族の国々も記述しなかった。なぜなら、宗教的・文化的・法的な制度やしっかりした統治機関といった、国をまとめる特徴がこれらの民族にはまったく欠如しているからである」[*44]。

キリスト教の思想家たちにとって、このような無法性は、彼らの宗教が〝偶像崇拝〟であることを意味していた。実際、世界の諸民族に関する有名な十四世紀のスペインの概説書（それは『全王国を知る書』として知られる）は、サハラ以南の若干の王国について描写しているのだが、すべての国で〝偶像崇拝者〟が登場する。[*45] またこれらの国々の真偽不詳の旗のイラストまでもそこには含まれているのだが、その一つひとつは、人間の形をした像、つまり〝偶像〟〔"idol"〕がどのように見られていたのかの通俗的なイメージについて、いくつかのヴァリエーションがあったことを伝えている。

ブラック・アフリカに最初に渡航した十五世紀のポルトガル人の宗教用語のうち、おそらく最も重要な側面は、*idolo* と *feitiço* の区別にあった。*Idolo* が精神的実体を象徴した自立した像（〝偽神〟）を言い表していたのに対して、*feitiço* は、儀式に則った正確な原料の調合から生まれる実際の力をそれ自身に宿した身体に身につける対象を指していた。*idolo* の観念にとって中心的だったのは崇拝対象としてのその身分にあったのに対して、*feitiço* 概念は、具体的で物質的な効果を実現する道具としてそれを用いることが強調されてきた。初期のポルトガルの航海記録のなかでは、*idolatria* と *feitiçaria* は区別されているとはいえ、アフリカの黒人社会の迷信慣行を特徴づける対概念としてしばしば登場する。異教徒の宗教は、中世のキリスト教徒によって自動的に〝偶像崇拝〟と呼ばれてきたが、アフリカ宗教の聖別用具を特徴づけるに際して、記述の正確さの比重が *idolo* よりも *feitiço* に置かれたために、しばらく経つとアフリカ宗教は *idolatria* よりも *feitiçaria* に分類されることになった。一民族全体の宗教、そして一民族全体の社会秩序の原則を特徴づけるために、〝妖術〟を意味する言葉を用いることなど前例のないことであった。

実際に遭遇した最初の黒人社会は、イスラム化した集団が支配していた社会であった。[*46] そこで最初に記録された宗教的対象は、ヨーロッパ人には *nominas* として知られていた、（コーランの文字がいくつか記された）首掛け用の小さな革袋であった（中世ヨーロッパでは聖書の章句で同様の慣習があった）。われわれの知るところでは、*feitiço* という言葉が用いられたのは、一四五〇年代に最初に遭遇した民族がそうであったように、とりわけ非イスラム系民族においてである。年代記編者ルイ・デ・ピーナは、一四八六年のベナン発見について、一五〇〇年の記録のなかで自ら次のように報告している。

「さらに、彼［指揮官ヨハム・アポム・ダ・アヴェイロ］は、黒人たちが現地で守り通している異端および顕著な偶像崇拝とフェティッシュ［grandes ydolatrias e feitiçarias］を厳しく咎めるという信念から、賞賛すべき勧告と共に聖なるカトリックの最高顧問たちを［ベナンの王に］送った」[*47]。

十六世紀に定期的に北部ギニア海岸を頻繁に訪れたポルトガル人たち――通常はカーボベルデ諸島の植民地からの商人たち――は、アフリカ社会の管理には *feitiço* が重要であることを認識するようになった。一五〇五年の文書でパチェコ・ペレイラは、シエラレオネの〝ブールーズの住民〟［"Boulooes"］は「すべて偶像崇拝者と魔術師であり、妖術に支配され、神託と悪魔を信仰している」[*48]と述べている。

実際、観察者たちが互いに親しくなり交流が増えるにつれて、いくつかの集団にはまったく〝偶像〟がないと見なすようになった。一五八五年にコインブラ［ポルトガルの都市］のイエズス会士がローマのイエズス会総長に宛てた手紙の報告のなかで、アントニオ・ベリョ・チノコは北部ギニア海岸の黒人について、次のように述べている。

「海岸沿いの土地に住む民族はすべて黒人である。彼らは無害な人々であり、ポルトガル人との交流と貿易を望んでいる。彼らは悪魔的な習慣［*inclinada a feitiços*］に縛られがちだとはいえ、素朴な気質を持っている……。彼らは、組織された宗教は持たないが、太陽や月やその他偶像を崇拝することはない」[*49]。

ルイ・デ・ピーナから引かれたこの一文は、*Feiticeiros* と彼らの *feitiço* を悪魔の加護と結びつけている一方で、ここでは〝無益な祭祀〟に対する一段と寛容な見解に続いて、*feitiço* に靡きがちであるにもかかわらず、これらの人々の〝無害な〟性質が強調されている。

ベナンとコンゴで高度に組織化された非イスラム的な黒人社会に遭遇したとき、ポルトガル人たちが *feitiço* と名づけた対象と慣習は、敬虔なキリスト教徒の間に広まっていた小さな聖体の異教徒版のようなものとして扱われた。十字架を偶像の代わりに、そして磔刑像と聖人像を *feitiço* の代わりにすることが十字軍に参加したポルトガル人によって提案された。このような社会的転換の一つは十六世紀のコンゴで起こったと考えられてきた。

「［コンゴの］国王は、［……かの国の人々がそれまで神聖視していた］偶像や聖像の類を置かせて、火を放って焼き尽くさせた。それから全員を集めて、それまで彼らが崇めていた偶像の代わりに、ポルトガル人がもってきた磔刑像や聖人像を与えて、首長たちにはそれぞれの領地の町に教会を一つずつ建造することを命じ、すでに自ら範を示した方法で十字架を建てるように命じた。これが済むと、首長たちやすべての人々に、ポルトガルに大使を派遣したことを告げ、やがて宗教というものを教えてくれる聖職者たちがやってきて、この上なく神聖かつ有益な秘蹟を各自に執り行うであろう、と述べた。また、聖職者たちはキリストや聖母、聖人たちの様々な像も持ってくるだろうから、いずれ人々にも分け与えられるであろう、と述べた[*50]」。

数頁後でこの著者は、コンゴで貴金属の鉱山を発見するというポルトガル人の期待がひとたび裏切られるや、どうして協力的な祭司が誰もいなくなり、「コンゴにおけるキリスト教の信仰は急速に衰え、ほとんど消滅しかけた」のかについて悲しげに報告している。*51

西アフリカ海岸で*feitiço*概念が使用される際には、こうした代替が可能であるという認識、つまり文化交差的な等価性の認識が根強く残っていた。錯綜した文化交差的な社会空間がポルトガルの帝国支配の外部で発達を遂げたのち、こうした等価性が相反する社会的コードをどのように横断して具体的な意味を担うようになったのか、その目を見張る一つの事例がある。カーボベルデのアンドレ・ドネニャによる一六二五年の逸話のなかに見出されるのがそれだ。ガンビア川のとある島にある重要な貿易都市カザンで、ドネニャは、彼の友人が所有するまさしく――ポルトガル人の目から見れば――奴隷の若いアフリカ人に出会う。

「私はガスパー・ヴァスという名のマンディゴ族の黒人の若者に出会った。彼はこの島では、サン・ペドロの私の隣人、つまりフランシスコ・ヴァスと称する仕立屋の奴隷であった。この黒人は仕事のよくできる仕立人にしてボタン職人であった。彼は、私が港にいることを知るや、すぐに私に会いに来て熱心に私に声をかけてくれた。彼は私の姿を信じることができず、そこに私を連れてきたのは神であり、ならば自分はなにかお役に立てることがあるはずだと言って、私を抱きしめた。これに対して私も彼に礼を述べ、次のように話しかけた。私も君に会えて非常にうれしく思っている、だから君のご主人様とその夫人、そして知人たちの近況も教えてあげよう。ただし君がマンディンゴ族の民族衣装を着て、首のまわりにフェティッシュ（神々）のお守りを身につけているのを見ると、どうも私は不安に思うのだよ、と。これに対して彼はこう答えた。『旦那さま、私がこの服装をしているのは、この町の領主サンデグイル〔Sandeguil〕の甥だからです。サンデグイルは国王に次ぐ指揮権をもっていたため、タンゴマオス[†3]たちは、彼を公爵と呼んでいました。叔父のサンデグイルが亡くなれば、私が彼の全財産の相続者となるでしょう。そういうわけで、私は貴方様がご覧になったような服を着ているのです。しかし、私はムハンマドの戒律を信じてはおりません、むしろ嫌いです。私はイエス・キリストの戒律を信じております。貴方様なら私の話が本当であることがお分かりいただけるでしょう』。そういって彼は民族衣装を脱ぐと、その下にわれわれの着るようなプールポワンとシャツを着こみ、首から聖母のロザリオを下げていた。『私は毎日、このロザリオで神と聖母に感謝をささげております。もし私の命が長らえて叔父の財産を相続することになれば、私は若干の奴隷をサンティアゴに送るように取り計らうようにしましょう。そして、私を乗せてくれる船を見つけたなら、その島に移り住み、キリスト教徒に囲まれて死ぬでしょう』。ガンビアで彼と出会ったのは、私にとって少なからず好都合であった。というのも、彼はあらゆる面で私のために骨を折ってくれたからである。たとえば、私が購入するものは、現地人がタンゴマオスたちに吹っ掛ける価格とはまったく違った、現地人たちのあいだで流通している価格であった。また彼は通訳者・スポークスマンとしても私のために働いてくれた……」[*52]。

この文章では、物的な護符を介して呼び起こされる積極的な神的力を示すために、*feitiço* の用法の面で一つの変化がみられる。*feitiços* を〝神々〟とする英訳者の注釈は明らかに誤っている。フェティソをめぐるこれに続く議論からも明らかなように、西アフリカに精通していたヨーロッパ人たちは次のように理解していた。すなわち〝フェティソ〟は伝統的な意味での偽の神々ではなく、むしろそれは個別の非物質的な悪霊というより、聖体の物質と一層密接に結びついた半＝人格的な神の力だということである。さらに、どんな場合でも忠誠心や社会的アイデンティティの印として、*feitiços* やロザリオを用いる必要があったというのは、もっと重要である。明らかにガスパー・ヴァスは、キリスト教の秩序のなかでは奴隷であるのに、イスラム統治下のカザンの町の有力者という点でマンディンゴ族のなかでは貴人であるという具合に、複数のアイデンティティを使いこなす若者であった。ガスパー・ヴァスが町の外でも異教の護符を身につけ、衣服の下にキリスト教のロザリオを身につけることを習慣にしていたのか、あるいは同じくありそうなことだが、ドネニャがカザンの町のコーディネーターとして自分をすぐにでも雇ってくれるように、あの日だけヴァスは自分を偽ったのか、そのいずれにしても次のことは明らかである。つまり、このような象徴的な品々は、〝ギニア〟海岸の複雑な社会形成のなかで社会関係を樹立し、商取引を行ううえで、実用的な重要性を帯びていたということである。

この世界の複雑さは、タンゴマオスという用語を解説するP・E・H・ヘアによる先ほどの文章の脚注のなかで生き生きと描き出されている。

---

†3　ポルトガル出身の現地人、あるいは現地で結婚した両親から生まれた子孫。白人商人と黒人の間で通訳などを生業とした。

「［タンゴマオスとは］ポルトガル語を話す冒険家であり、王権の命令に反してギニア本土に自宅を作り、そこで結婚して混血の一族をなした商人たちである。ある者は宗教的な離反者、特にユダヤ人であり、ある者は法を逃れた罪人、王権の中央集権主義に挑戦し、ポルトガル帝国の恩恵から外れた人々に由来する経済的起業家であった。彼らは、ポルトガル人以外の白人商人と一緒に働いていたため、正統の〝忠実な〟ポルトガル人たちからは特に嫌われていた」[*53]。

多くの様々なアフリカの言語とヨーロッパの言語が交差する複雑な相互文化的な世界の取引は、自前の言語を持たないために、異邦の文化の間にまさに自らの居場所を占めるタンゴマオスのようなグループを介してますます増えていった。こうした現場の状況からピジン語〝フェティソ〟〔"Fetisso"〕が生まれることになったのである。オランダ商船の最初の大きな波が一五九〇年代後半にギニア海岸に押し寄せるまでには、記述的かつ実用的な機能を組み合わせた〝フェティソ〟概念の複雑な用法はすでに生まれていたのだ。〝仲介人〟自身の手になる文献が不足していることから、〝フェティソ〟をめぐる言説の形成過程は、その後のヨーロッパの文献の読解を通じて再構築していくよりほかはない。

第四節　〝フェティソ〟──フェティッシュ概念の起源

一五九三年、バーナード・エレクシュは、サン・トマス島の捕虜生活でギニア海岸における金と象牙の有利な取引を学んだのち、オランダに戻った。一五八〇年にポルトガルはスペインに併合される。一五五五年以来、オランダはスペインのハプスブルク帝国に対して抵抗していた（一五六六年のアントワープの長老会でカルヴァン主義がオランダ共和国の正式な教会として受け入れられた）。一五九〇年代後半から一六〇〇年代初頭にかけてオランダがギニア海岸に交易のために送り込んだ商人たちは、世俗の経済的事業と国家政策の自覚的なエージェントであった[*54]。この商人たちの著作は、ポルトガルのキリスト教戦士たちのそれとはまったく異なる考え方を表明していた（十五世紀のヴェネチア人カダモスト〔一四三二～一四八八〕の報告書のような、商人たちの初期の著述とそれほど違わないとはいえ）。一六二一年以降、オランダの西インド会社の指導のもと効率的に組織されたプロテスタント国オランダは、一六四二年までに黄金海岸と奴隷海岸からポルトガルを完全に締め出した。

これらオランダのカルヴァン主義者らの文献とその後の英仏の文献を見てわかるのは、アフリカのフェティッシュとカトリックの聖体が同じものだということを明確に主張している点にある。マレースは、その一六〇二年の文献で、アカン族のフェティソについてこう語っている。「彼らはまた、たくさんの豆やヴェネツィア・ビーズを括りつけた腰紐のまわりにいろいろな藁束をぶら下げているのだが、彼らはそうしたものを自分たちのフェティソないし福者だと考えている……」[*55]。マレースはまた、こうしたビーズを〝数珠《ロザリオ》〟と呼んでいる。一世紀後、オランダ商人のウィレム・ボスマンはこう記している。「ニグロをキリスト教に改宗できるとすれば、ローマ・カトリック教徒は、いくつかの事柄、特に滑稽な儀式についてはすでに受け入れているのだから、われわれよりも首尾よくそれに成功するだろう……」[*56]。ボスマンに続き、イギリス人アストリは一七四〇年代に次のように書いている。

「……フエダのニグロ［フエダはダホメの主要な奴隷港だった］は真の神についてわずかに考えを持ち、神が全能と偏在の属性を有していると考えていたのは確実である。彼らは神が宇宙を創造したと信じているので、フェティッシュよりも神のほうを好む。しかし、彼らは次のような理由を挙げて、神に祈ることも、いかなる犠牲を捧げることもしない。すなわち彼らによれば、神はあまりにも自分たちより高貴であり、わざわざへりくだって人類について考えてもらうなどあまりにも畏れ多い。そのため神は、われわれのフェティッシュに世界の統治を委託した。だからわれわれは、地位の点で神から隔たった第二、第三、そして第四の位格として、そして任命された正当な統治者として、これらフェティッシュに帰依する義務があるのだ、と。彼らは、こうした考えを平然と固く信じ続けている。／ローマ教会とその司祭たちが自分たちの像《イメージ》のために行った弁明がこれとまったく同じであったことからしても、次のことは明白である。すなわち、ロワイエがすでに認めていたように、彼らはどこまでも自分たちのフェティッシュを、至高の神格が彼の被造物のために特定の徳と力を授けてくれた物的対象だと見なしていたということである［つまり、フェティッシュ物そのものを神々だとみなしていたわけではないということである］」[*57]。

フェティソとは、完全に人格的な神々でも、完全に非人格的なお守りや護符でもなく、半-人格的な力であると同時に、奉納物をお供えするといった礼拝行為や物財の操作によって影響を受ける物的対象であった。シャルル・ド・ブロスは〝フェティッシュ〟と〝神々〟を区別し、フェティッシュのほうが歴史的に先行すると信じたが、こうしたことから〝多神教〟という言葉との対比を目的に、彼が一七五七年にフェティシズムという言葉を創り出すことにつながったのである。十七世紀の航海誌のなかでは、このフェティッシュ概念は、それにはあまり相応しくない理論的枠組みのなかに置かれることが多かった。つまり、キリスト教プロテスタントのイコノクラスティックな拒絶というのがそれであり、プロテスタントは一切の物質的なものに対して、そして個々の信者と神の間の仲介役だと称する地上の代理人(小さな宗教的対象であれ、ローマ教皇であれ)に対して拒絶反応を示していたからである。

どのような物的対象にも真の宗教的な作用を一切認めないこのプロテスタント的拒否は、もちろん伝統的なキリスト教思想の枠組みのなかの見解であった。しかし、この見解はフェティッシュ概念の第一の中心テーマ——すなわち価値を生み出す物的対象としての身分——に役立ついくつかの要素のうちの一つに過ぎない。これらの航海誌のなかでは、物的対象の観念は、まずはキリスト教プロテスタント思想、次にこうした著作形態および商人や船員等の直接の読者に向けた独特な叙述習慣という、この両方に影響を受けていることがわかるだろう。ウィレム・ボスマンの著述については別の場所でもっと詳細な検討を行うつもりだが、とりわけこれらの船乗り兼商人たちによる記述の習慣から、物的対象の真の性質(および自然自体の真の性質)の考え方として、典型的な三種類の物的対象が区別されている。第一に、ヨーロッパ人自身の所有する比較的新しい技術対象（とりわけ船舶と操舵装置、測量機器や銃器など）。第二に、潜在的な商品に分類される現地の様々な種類の有機物や無機物。そして第三に、経済的には無価値だが有意味な物体、つまり物資や利益を得るために未踏の地に立ち入ろうとするヨーロッパの商人たちに潜在的な危険を知らせるものがそれである。物質界の資力と作用の規範的な例として、そうした有意味な物体の最も顕著な様相は、それらの存在の在り方と操作の仕方の非人格性にあり、そこに文化横断的意味が読み取れると考えられた（つまり、銃や虎はその犠牲者の文化的先入観とは無関係にそれが為すべきことを為すのであって、それとまったく同様に、一反の布や食用の豚は文化的解釈や迷信的空想から独立した実用的価値を有する）。本書の紙幅の都合から自分の命題をこれ以上補強するわけにはいかないが、ただこの命題は、具体的な出来事が根本的に非人格的であることを強調した結果として生まれた自然な再解釈である。この出来事の非人格性は、迷信を非人格的な自然の諸力の擬人化だとみなす――さらには偶然の経験と場当たり的に関連付けられた偶発事や諸対象に終局的な意図を帰することがそこに伴う――新しい〝啓蒙的な〟定義を基礎としている。ルクレティウス〔神々は説明のつかない自然現象への恐怖が生んだとする説を唱えた〕の読者なら周知のように、この定義自体は迷信の新理論というわけではない。なにが新しいかといえば、それは（オランダの西インド会社のような）新しい形態の経済組織によって醸成された新たな商業意識のなかで、航海学や弾道学といった新しい測量技術をわがものとすることから芽生えたイデオロギー的萌芽〔ideologemes〕と結びついた、この理論のイデオロギー的な作用にある。

実際、十七世紀のヨーロッパの商人にとって、しばしば経済的に価値のある物的対象は、社会関係にとってまさに土台や媒介となった。ある特定の投機事業の期間中、個々人が一部の資産を共同所有して共に義務を負う有限責任の取引関係で起こったのがこれである。[58]政治的・法的な議論に関連した展開でいえば、物的対象が宗教活動とは対立しても経済にとっては適切であると判断されるようになった。たとえば、一六〇九年にグロティウスは、「貿易は物的な利益だけを扱うものであり、霊的な事柄とはまったく関係がない。だから万人が認めるように、教皇の権力は霊的な事柄の外部にまでは及ばない」[59]と論じ、ポルトガルの貿易独占権を許可する教皇の権力を否定した。これはマレースやボスマンのような商人の姿勢を明確に打ち出しているだけでなく、キリスト教を受け入れていないアフリカ社会と取引を行う際に、彼らが遭遇した特殊な諸問題にも反響している姿勢である。

物的対象の宗教的・経済的価値に関するアフリカの明らかな混乱を説明するために作られたキー概念こそ、ガラクタ品という概念であった。初期のヨーロッパの航海者たちは何よりも金の取引に興味があった。ミーナ海岸の発見よりも前に、金はリングやブレスレット、その他装身具の形で獲得されていた。十五世紀のヴェネチア商人カダモストは、その典型的な一文において、どのようにして「われわれがジェバ川のカヌーに乗ったニグロたちと言葉を交わすことなく売買を行い、若干のガラクタ品［di alcune cosette］と引き換えに彼らからいくつかの金輪を手に入れたのか」[60]について語っている。殆どないしまったく無価値の〝ガラクタ〟と金の取引に成功したことは、異文化間の差異の価値体系という問いを主題化することになった。本章の冒頭で、私はガンビアの黒人に対するカダモストの当惑した意見を紹介しておいた。いわく「私見によれば、彼らの間では私たち以上に金は尊ばれている。というのも彼らはそれをとても貴重なものだと考えているからだ。だがそれにもかかわらず、彼らはそれを安く売りに出して、私たちからみればほとんど価値のない品物と交換してしまうのである」。[*61]エンシソ〔インディアスの副総督〕は、その一五一八年の著述（バーローによる筆写）のなかでミーナ貿易についてこう述べている。「この城〔サン・ジョルジュ・ダ・ミーナ城〕に、ニグロたちは、彼らが集めた黄金を持ってくる……。そして色とりどりの布地やラテンのリング、貝殻やその他ガラクタの荷車と引き換えにそれを売るのである……」。[*62]こうした物事の〝間違った〟価値評価のおかげで初期のヨーロッパ商人たちの望んだ莫大な利潤が手に入った一方で、それはまた〝ガラクタ〟や〝ゴミ〟を珍重するこうした人々に対する軽蔑の念も呼び起こした。こうした考えは、十八世紀の奴隷貿易業者の著述ではさらに激しくなるだろう。

黒人たちは、ちょうど彼らがガラクタ品の経済的価値を過大評価していると思われたように、どうでもよい物に宗教的な価値を認めていると見なされた。確かに、マレースはある個所でフェティッシュ神官の〝小さな装身具〟（*cramerye*――オランダ語だと〝クラーマー〟とは行商人を意味し、彼のもつ小さな器物類を〝クラーメリエ〟という）について嘲笑気味に触れている。[*63]マレースは、フェティソを〝つまらぬ物〟（*beuzeling*）、そして〝愚鈍で〟〝滑稽な〟〝子供じみた玩具〟

(*Apenspel, guychelspel, and Kinderspel*) などと呼んでいる。フェティッシュ崇拝については、偶像崇拝（*Afgoderie*）だとか迷信（*superstitieus*）と呼んでいる。これに続く作家たちは同じ路線を辿っていった。ウィリアム・スミス（ギニアでは凡庸な作家の典型）は、一七四四年に次のように述べている。

「［ギニア］最大の宗派は異教徒であり、彼らが宗教のことで悩むことはまったくない。ただそれでも、彼らはガラクタ品その他を誰しもいくつか身につけている。彼らは、それに対して特別の敬意や崇敬の類を捧げ、それがあらゆる災厄から身を守ってくれると信じている。ある者はライオンの尾を、ある者は鳥の羽を、そしてある者は布切れや犬の足をそれぞれ所有している。要するに彼らが思いつくものすべてがそこにある。そして、彼らが自分たちのフィティシュ〔Fittish〕と呼んでいるのがこれである。その言葉は崇拝対象を意味するだけでなく、呪文やまじない、あるいは魔法を意味する場合もある」[*64]。

このスミスの主張によれば、もし〝思いつき〟によって選ばれるなら、どんなくだらない物でもフェティッシュになりうる。この主張から導かれるのが、フェティッシュをめぐる第二のテーマ、つまりフェティッシュの根本的な歴史性というテーマである。ただし、このテーマに移る前に、物的対象とその評価というテーマを構成する最後のパーツが残っているので、それを検討しなければならない。

徹底した商業イデオロギーのしみ込んだ報告（ボスマンのそれのように）においては、アフリカのフェティッシュ崇拝者の真偽の疑わしい間違った宗教的価値観のせいで、アフリカ人は物的対象の経済的価値を見誤るのだと考えられてきた。また、この迷信の妄想（それを濫用するのが狡猾で利己的なフェティッシュ神官たちというわけだ）は、自然の理性と合理的な市場活動を妨害していると思われてきた。そして、この迷信的なメンタリティは、ヨーロッパ人の技術品を擬人化するアフリカ人の性癖を例証するいくつかの逸話を介して説明されることになった。

ヴェネチアの商人カダモストは、十五世紀に書かれたその航海誌のなかで、ヨーロッパ人の銃に驚いた黒人たちがそれを〝悪魔の発明〟にちがいないと叫んだことを報告している。「彼らはまた、われわれの造船技術や船の機材——マストやセイル、索具や錨——に驚きとともに衝撃を受けていた。彼らがいうには、船の半天球の丸窓は本当の眼であり、その眼を通して船が海上を進んでいく方向を見ているのだという。また、われわれは大魔術師［*grandi incantatori*］、ほぼ悪魔同然の存在であるに違いないという。なぜなら、地上を旅する人間でも場所を移動するルートを知るのに苦労するのに、海を旅するわれわれは——彼らなら考えそうなことだが——何日間も、大地から遠く離れていていても、どの方角を取るべきかをすでに知っている、これこそまさに悪魔のなせる業だからだという。これは、航海術、羅針盤や海図を理解していないせいで、彼らにはそう見えたのである」[*65]。

ここにおいてはじめて、未開人の原始性とその文明人との違いを説明するために、その後利用されることになる思想の輪郭と議論の類型がヨーロッパ人の航海誌に登場することになった。つまり、アフリカ人がなんの技術も知らないということ（その後、この無知は科学的思考の欠如としてイデオロギー化される）が、結果的に彼らは因果律を錯視しているとされていくのである。ヨーロッパ人には純粋に技術的な問題として理解されるべきものが、迷信深い未開人には超自然的な動因を伴うものとして見なされている。[*66] フェティッシュをめぐる言説において、非ヨーロッパ人たちは物的対象に間違った価値を与えるという商業上の認識に、未開人は技術品を擬人化する（あるいはそうした品々を超自然的な因果律の触媒とみなす）性癖があるという印象がつけ加わることになった。因果律の迷信的錯視は、物的対象の価値評価の間違いを説明するものとされ、ここから技術的・商業的な価値だけを〝現実〟とみなす、リアリズムという優れて近代的な修辞学のなかに、非ヨーロッパ人の迷信深さの一般的言説が現れることになった。これこそ、ジョン・アトキンス（『ギニア、ブラジル及び西インド旅行記』の名を持つ一七三七年の報告書の著者）のような人々が、「幼年期の理性では物質的な神を超えることができない」[*67] といったようなことを書いた時に心に留めていたものである。十八世紀の商人や世俗の知識人たちにとって、理性とはなによりもまず、自然の物質界が非人格的な操作によって決定されている（因果律の力学法則によって決定されている）ことを理解する能力だったからである。この言説において、物質的な性質をもつ出来事に人格的な意図を与えることが迷信として定義されたのである。

さてわれわれは、ポルトガルの探検旅行の前後の、アフリカの黒人社会に関する最もありふれた見解からフェティッシュ概念の第二のテーマの見取り図を描くことにしよう。その見解とは、イギリスの船長ロックが一五五四年の航海記で書いているように、黒人社会は社会的秩序の原理を一切欠いた、〝神、法、宗教、国家を持たない〟完全なカオス社会だというものである。*68 その理由について、大方のところ黎明期の探検記では、アフリカ人が真の宗教を知らないからという以外に理由が挙げられることはない。*69 だがそれでも、私がすでに論じたように、ヨーロッパ人たちは、アフリカ社会にさらに詳しくなるにつれて、法もなく社会秩序のまともな規則もなしに持ちこたえているように見えるこうした社会のパラドックスの裏で働いている原理こそ、フェティッシュ崇拝であると考えるようになっていった。

ウィリアム・スミスがフェティッシュを過大評価されたガラクタ品だと断定していたことに象徴されるように、アフリカ人のフェティッシュ崇拝と社会秩序を決定するのは（〝法の支配〟を生み出す）理性ではなく、むしろ〝空想〟であり、〝気まぐれ〟であると論じられるようになっていく。一七〇二年にロワイエは、「彼らのフェティッシュは各人のさまざまな空想に応じて多様にある」*70 と記している。それゆえアフリカ社会は、社会秩序の非合理的で気まぐれな心理原則が組織していると理解されるようになった。キリスト教の言説では、フェティッシュは、神の知識が啓示されていないせいで、人間が〝自然法〟に従った結果の産物だと見なされた一方、世俗の言説では、それは自然の理性が欠落しているがゆえに空想と想像力の産物だとみなされた。それゆえ、アフリカ人（もっと正確にいえば、通訳と仲介者）が〝フェティッシュ〟と呼ぶものが当惑するほど多種多様であるのは、理性では歯止めの利かない人間の想像力の無限の多様性に由来する一つの帰結にすぎなかったのである。

フェティッシュの秩序なき秩序〔disordered order〕をめぐるこの独特な解釈は、最初にフェティッシュが誕生する仕方——われわれならフェティッシュを作り出す「最初の遭遇」論とでも名づけるもの——を説明する際にはっきり打ち出されている。ル・メールは、シエラレオネの非イスラム系黒人たちは「彼らが朝に出会う最初のものを崇拝する」[*71]と述べている。フランスの商人バルボはこう書いている。「巨木、鯨の骨、高所の岩などのように、自分たちにとって目新しいものや驚嘆すべきものなら彼らはなんでも神々にしてしまう。そのため、驚異的なものすべてが彼らにとっての神々であるといってかまわないだろう……」[*72]。もっと具体的にいえば、〝新奇さ〟を主な分類区分とするこの説明は、瞬間的な欲求や目的がなんらかの場当たり的な対象に関心をもち、それと偶然にも結びついている点から行われている。この「最初の遭遇」論の古典的な宣言はボスマンによるものである。

「彼「ボスマンの主たるアフリカ人情報提供者」は私の問いかけに、自分たちの神々は無数で途方もない数にのぼると答えてくれた。(彼がいうには)なにか重要なことを引き受けようと決意している仲間がいれば、誰であれわれわれは、計画された事業を成功させるためにまずは神を探し出そうとする。次に、こうした思惑を抱いてドアから出たときに、犬でも猫でも、この世で最も下卑な動物でも、自分の眼に最初に飛び込んできた最初の被造物を自分たちの神とするのである。また事によると、そうしたものの代わりに、石や木片など、道に落ちている無機物やその他同種のものであってもかまわない」[*73]。

それゆえアフリカのフェティッシュ崇拝（したがってアフリカ社会）の基礎にあるのは、偶然の遭遇の原則と、願望と結びついた想像力による気まぐれな空想であることが明らかとなった。

ところで先の議論のなかで、フェティッシュの第三の基本テーマ、つまりフェティッシュが特定の社会秩序と関係している点についてはすでに述べておいた。アフリカ社会と貿易関係を築こうと模索しているヨーロッパ人にとって、フェティッシュが社会関係に重要な意義を有していることを多少なりとも説明することが特に必要であった。一六〇二年にマレースが著作を出した時点で、アフリカ社会では〝フェティソ〟がヨーロッパの様々な政治的・法的・司法的諸機関の役割を果たしていたことは、ヨーロッパ人にとって自明となっていた。マレースはその一節で、ある飲み物を伴った具体的なフェティッシュ儀礼の作用について論じている。

「彼らのあいだで、この飲み物はそれほどまでに一つの誓約となっており、エンキオンケノウ［Enchionkenou］と呼ばれている。彼らはそれをグリーン・ハーブから作るのだが、その同じハーブから彼らは自分たちのフェティソも作る。彼らによれば、人がそれを誤って飲んだ場合、彼らのフェティソは彼をやがて死に至らしめる。だがそれを不注意から飲んでしまった場合は、命だけは助けてやるとのことである」[*74]。

マレースにとって、アフリカの社会秩序が安定している理由は、明らかにこのフェティッシュへの誓約の力にあった。実際、彼が最初に〝フェティソ〟に言及したのは、姦通した妻に対する夫の告発裁判のなかで用いられた時である。

「……自分の妻がそのような事実を犯したことを、彼が他人の情報から知ったのではなく、自分だけでそうだと推定、ないし妻が他の男と寝たと疑っている場合でも、彼はその廉で妻を責め立てる。その際、彼は彼女に定量の塩を食べさせ、彼らの偶像崇拝的なフェティソを祀る別の儀式を行う。女性は自分が他の男と不貞を犯したことはなく、潔白であることに自信があれば、進んで自らの潔白をそこで〔フェティソに〕誓う。しかし、自分に疚しいところがあるのが分かっている場合は、彼女は自分が偽証をすればフェティソが自分を殺すのではないかと恐れて、あえて誓うようなことはしないのである……」[*75]。

マレースは、病気や災難から逃れるために身につける護符として、あるいは立派な供物の対象として、神託として、偶像として、漁や戦いでの幸運の形見として、そして誓いの伝達手段として、フェティソを描いている。だが誓いを立てることのフェティソの作用は、永続的かつ信頼できる交易関係を確立する手段を模索していたヨーロッパ商人にとってとりわけ重要であった。黎明期の多くの航海誌は、アフリカ人が交易に同意する前に、何らかの物的対象に宣誓するようヨーロッパ人に求めている事例について語っている。[*76] しばしば、ヨーロッパ人はそのような疑似契約の信頼性に不満を表明したが、マレースはそれを次のように記している。

「彼らがわれわれと行う約束や宣誓には一貫性がなく虚偽に満ちている。しかし、彼らが仲間内で交わすような約束の場合はしっかり保持され、尊守される。それゆえそれが破られることはない。

彼らがどんな宣誓や約束を行う場合でも、とりわけわがオランダ人にそれを説明しようとする場合などは特にそうである。まず最初に、彼らはあなたの足の裏で自分の顔を拭く。そしてお互いに三度ずつ声をかけあって一緒に手を叩くたびにラウ、ラウ、ラウと言いながら、足で地面を踏み鳴らして自分の肩や胸、すべての身体の部位で同じことをする。そして彼らは自分の足と腕に身につけているフェティソに接吻する。そのうちの何人かは、自分たちの約束と宣誓をより確かなものとするために、先述したようにある決まった飲み物を飲むのである。ところで、これを信用する者は、自分が騙されていることにできるだけ早く気づくべきである。なぜなら彼らは、あなたが思うほど信用には値しないからである」[*77]。

とはいえ、ヨーロッパの商人や沿岸の交易市場の監督たちも文化横断的な取引に際してフェティッシュへの宣誓を日常的に行っていたことは明らかである。トマス・フィリップスはこう記している。「シュワリ船長は、乗船の際に自分のニグロたちにフェティッシュを持ってこさせることを常としていた。その理由は、彼らを足枷から解放しても岸まで泳いで逃亡させないためである。船長の水薬は、苦みを増すために少量のアロエ汁が入った一杯のイギリス・ビールであった。これは、まるでギニア最高のフェティッシュの産物かと思うほど、彼らの信仰に大きな効力をもった」[*78]。また別の貿易商人であったスネルグレーヴは、彼の物語のある個所で、ある地元の首長による歓待が確かなのかわからなくなった彼が、自分の外科医を［船から］海岸に遣って、万事順調を伝える手紙を夕方に彼に送ってもらった理由について語っている。「なぜなら……この土地の首長はフランスとオランダの紳士の前で自分のフェティッシュに宣誓してくれたからである。その確約を得て私は翌日に上陸して町まで繰り出すことができたのだ……」[*79]。フェティッシュへの宣誓手段として聖書が定期的に使われることもあり、それに関する逸話もいくつか残っている[*80]。

フェティッシュ概念をめぐるこれら三つのテーマから、われわれは、抽象的な原理として扱われがちな（実際、啓蒙主義の著者たちはそう扱った）解釈上の諸観念が、アフリカ海岸の商人たちが直面した具体的な諸問題から実際に立ち上がってくるのを観察してきた。これらの諸観念が形成され、互いに分節化された要因は、アフリカ社会の異質な慣行をこうした商人たちが客観的に観察してきたことにあるのと同時に、彼らの実際の経験と予断によるところも大きかったのである。フェティッシュ概念の構成要素をなす最後のテーマは、フェティッシュ対象がフェティッシュ崇拝者という身体を持った自己と結んでいる特殊な関係をめぐるものである。

マレースその他の人々が描いたフェティッシュへの宣誓の特徴は、人々の迷信的軽信と人格的な恐怖を資源として、その威力（これによって社会秩序の構造は維持される）を得ているところにあった。フェティッシュは個人の生殺与奪の力を握っていると信じられたが、このことはヨーロッパ人のフェティッシュ言説にはありふれたものであった。魔術的信仰と暴力的情動を介したこの制裁力は、ヨーロッパの諸国家（少なくとも〝ローマ的〟迷信からは自由なそれ）の司法制度が与える制度上の合理的制裁に代わるものであると理解された。実際、アフリカ社会のパラドックスは、これらのテクストのなかで理解されていたように、社会秩序は政治的原則というよりもむしろ心理学的事実に依存しているということであった。

それに加えて、フェティッシュに関して最も特徴的なことは、それが信者の身体に着けられたり、体内に消費されたりするということであった。信者の魂の精神的な状態ではなく、むしろ彼ないし彼女の身体の物理的状態こそ、フェティッシュ崇拝者と神的な力の間を媒介するものであった。したがって、フェティッシュは、個人の健康と具体的な生活に影響を及ぼす人間の臓器とほぼ同じ資格をもった宗教的な力を帯びる外的な対象物だったのである。例えば、マレースは子供が身につけるフェティッシュの長大なリストを挙げている。

「生後一〜二カ月の子供たちは、樹皮で作られた網を小さなシャツのようにその身体のまわりに掛けているのだが、その網には手、足、首まわり用の金色の十字架やサンゴの紐といった彼らのフェティソがたくさんぶら下がっている。そして彼らの頭髪もたくさんの貝殻でいっぱいになっている。これについて彼らは素晴らしい説明をしている。彼らが言うには、幼児がこの網を身につけている限り、悪魔は子供を抱えることも連れ去ることもできないが、それを脱いでしまったら子供は非常にか弱く悪魔に抗うほど強くはないので悪魔は子供を連れ去ってしまうだろうと。しかし、網を身につけていれば、それは武器となるので悪魔にはそれを超えるほどの力はないという。彼らが子供にぶら下げるサンゴを彼らはフェティソと呼んでいる。そして彼らは、子供の首からフェティソのようなものをぶら下げることを大そう重んじる。彼らが言うには、それは嘔吐を防ぐのによいのだという。自分の首に掛ける二番目のフェティソは、彼らによれば、転倒防止によいという。三番目のフェティソは、出血防止によいという。四番目のフェティソは、夜間に首に下げておけば、安眠に大変効果があるのでよく眠れるという。五番目のフェティソは、野獣除けに効果があるとともに、それぞれ固有の名前（それはどんな効能や効果があるのかを示している）のついた、フェティソのようなその他の多様なものと一緒に使えば、健康を害する空気の淀みにも効き目がある……」[*81]。

このようにフェティッシュを装飾のように身に着けることからしても、また身体の健康を保ち、病気や死さえも負わせるその力からしても、フェティッシュが信者の身体と特別な関係を持っているということは明らかであった。したがって、偶像崇拝的迷信をめぐるキリスト教理論（つまり無益な祭祀と邪術［*veneficia*］）からすればあまり重要でないものがフェティッシュ概念では中心的だったのである。

西アフリカ海岸の文化横断的な交流から生まれたフェティソというこの目新しい概念は、キリスト教の偶像崇拝論の考え方とはまったく異質であった。キリスト教の理論が物質的な偶像とそれを介して呼び出される悪霊という二つの実体を同一視するのに対して、フェティソの言説は、霊的な因果律というより身体的・心理的な因果律にその真の効力を認める物的対象の擬人化について語っているからである。キリスト教の偶像が一つの像《イメージ》として作り出されるのに対して、フェティソのほうは物事と目的を一瞬のうちに偶発事と関連づけて、両者を結びつける根本的に新しい産物であった。偶像の社会原則が人間の魂と悪霊の取り決めた口約束であるのに対して、フェティソの社会権力は身体的行為を通じて、そして偶像崇拝というより邪術に固有の物質の消費を通じて取り決められた、拘束力を伴う宣誓を資源としていた。同様に、個人の健康と運勢を左右するフェティソの威力は、偶像という比喩の論理ではなくむしろ護符という換喩の論理に従うものであった。神的な力との自由で新しい相互作用の原理を、人間の魂という非物質的な実体に位置づけるキリスト教の理論に対して、フェティソでは神的な力の新たな理解は、物質界の偶然の出来事のうちに見いだされたのである。

ヨーロッパの商人にとって、フェティソは二つの問題——つまり二重の倒錯——を提起した。第一に、商業的に価値のありそうな物品がフェティソの身分にあったせいで、フェティソを商品として手に入れようとする商人たちのやり方が複雑なものとなり、商品の相対的な交換価値が歪められているように映ったことにある。これはしばしば並外れて高い利益をもたらす取引へとつながったが、しかし現地の人々は経済的関心ではなく、個人的、社会的、または宗教的な関心から目当ての対象を見ていたために、しばしばトラブルを引き起こす原因にもなった。第二に、経済的な取引を行うために、商人たちはフェティソへの誓約の前に予備宣誓をしなければならなかったことにある。これは経済的な交渉と法的な仲介という当然の手続きからの逸脱であった。純粋な経済的交流を望んでいた十七世紀の商人たちは、もしこんな邪悪な迷信を貿易相手が信じていなければ交易とは無関係だったはずの社会的な諸関係や擬似宗教的な儀礼に、不幸にも自分たちが足を踏み入れていることに気づいていた。十八世紀に登場したフェティシズムの一般理論は、この新しい歴史状況に固有の問題意識によって決定されたのである。

十八世紀になるとフェティソの基本的観念は、ド・ブロスのような啓蒙思想家たちによって原始的フェティシズムの一般理論へと昇華されることになった。この概念に特有のテーマと問題意識は、過去数世紀にわたるアフリカ海岸の新しい文化横断的な状況によって形成されたのである。フェティッシュの中心的な考えは物的対象を崇拝するという誤謬と関係しており、テルトゥリアヌスとアウグスティヌスならこの考えに申し分のない満足を覚えたことであろう。

しかし、この中心観念の周辺に焦点を当てたテーマの集合体は、キリスト教の先入観とは無関係な一つの問題を提起している。すなわち、個人的価値であれ、社会的価値であれ、あらゆる価値がどうして物的対象――それが持っている〝自然な〟価値は実用的価値と商業的価値だけなのに――にあるとされるのかという問いである。次章では、この問題意識が独自の啓蒙主義的なイデオロギーへと仕上げられていく、その足跡を辿ることにしたい。このイデオロギー化は、ウィレム・ボスマンの『ギニア海岸詳説記』(一七〇四年)のなかでまずは明確な姿となって現れたのち、『百科全書』の時代に理論を打ち出した知識人たちによって受け継がれていくことになる。

第三章
ボスマンのギニアと啓蒙のフェティシズム論

「人間学の領域を広げる方法の一つは旅をすること、少なくとも旅行記を読むことにある」

——カント『実用的見地における人間学』(一七九八年)

前章まで私は〝フェティソ〟という言葉の起源について尋ねてきた。[*1] そこでの私の議論によれば、〝フェティソ〟に体現された新しい考えの基本的な問題群は、この言葉がスペイン語やポルトガル語でいう〝妖術〟〔witchcraft〕のように教会法の言説から言語学的に派生したにもかかわらず、キリスト教神学の理論的地平の外部で生まれたということであった。前章の議論では、十六世紀のアフロ＝ヨーロッパ的言説におけるフェティッシュ概念の形成を、中心的コンセプトの変化という観点から検討した。すなわち、妖術に関するキリスト教的な考えの鍵を握るのが〝手で造った似像〟と〝自発的な口約束〟であったのに対して、フェティソの中心的な観念は〝物的対象の擬人化〟と〝偶然の出来事やその場の連想に由来する、物体のもつ超自然力への固定観念〟であった。実際のところ私は、妖術に関するキリスト教理論（つまり、〝無益な祭祀〟と〝邪術〟）にとって、最も周縁的で概念的にはっきりしないものがフェティソ概念の中核を担っているのだと主張した。

本章では、ブラック・アフリカを訪れた北ヨーロッパの商人や聖職者たちが著した旅行記のなかに見られるフェティッシュの複合的観念に注目していきたい。こうした記録は、啓蒙思想の唱導者たちのなかでも反ライプニッツ〔＝反予定調和、反世界性善説〕の一団（それはヒューム、ヴォルテール、ド・ブロス、カントのように理論的に多様な面々が含まれるほど広いカテゴリーである）とでも呼べそうな、ラディカルな知識人たちによって読まれ、彼らのうちに取り込まれていった。最初の二節で、私はフェティソ本来の観念について再検討を加えることにしたが、その理由は、前章のようにそれを封建的なキリスト教思想と対照させることが目的ではなく、そうした旅行記を執筆した商業精神に長けたヨーロッパ人にとって、フェティソがどのような実用的かつイデオロギー的な意味を持っていたのかを理解するためである。とりわけ、私はオランダの商人ウィレム・ボスマンの一七〇三年の文献とフエダの奴隷港の縞蛇崇拝の記述に焦点を当てることにした。なぜなら十八世紀のヨーロッパにとって、この文献はブラック・アフリカに関して大きな権威を有し、またこの蛇崇拝もフェティッシュ崇拝の典型例だったからである。[*2] ボスマンのような商人にとって——彼らに同行した聖職者、たとえばアフリカのフェティッシュの非有神論的性格を最初に力説したフランス人司祭ロワイエにとってそうであったように——、フェティッシュ崇拝は、アフリカの文化と社会の中心的制度を体現しているとともに、その一目でわかる倒錯性を引き起こしてきた主犯格の一人と見なされてきた。アフリカのフェティッシュ崇拝は〝迷信〟と〝利益〟という二つの支柱を基礎としているというのが、ボスマンの明確なテーゼであった。ボスマンのような貿易商人の商業イデオロギーから描写されたアフリカ社会は、人間の推論能力を抑え込む迷信的妄想がひろく一般に強いられていたために道徳が逆転してしまった世界であった。本章の前半で検討される〝フェティッシュ崇拝〃は、それゆえ十八世紀の西アフリカの現実というより、むしろ啓蒙ヨーロッパが抱いた〃ギニア〃のイメージに相応しいものなのである。[*3]

　ボスマンにとってのギニアは、フェティッシュ崇拝の神官に支配された放埒な宗教のせいで行政が腐敗し、民衆の妄想がはびこる世界であった。啓蒙の知識人たちにとって、フェティッシュを崇拝するギニアは、道徳なき社会にして正義なき政府の典型となり、さらには宗教的妄想を経済的な利益目当てでまき散らす民族の決定版となった。アフリカのフェティッシュ崇拝は、次章[*4]でヴォルテールの『カンディード』を読み解く際に論じるつもりだが、まさしく〃蒙昧〃の実態を伝えるイメージとなった。本章のこの節と最終節では、フェティッシュ崇拝に関する〃冒険家たち〃の言説を『百科全書』期のフランスの知識人たちがどのように取り込んだのかを跡付けることにする。一七五〇年代後半と一七六〇年代初頭のこの時期こそ、ブルゴーニュの哲学者《フィロゾーフ》シャルル・ド・ブロスがはじめてフェティシズムの一般理論を打ち出し、〃フェティシズム〃という言葉を作り出したからである。

　とりわけ私の関心は、アフリカのフェティッシュ崇拝に関する記述的・説明的な諸概念にみられる一貫性、およびギニアに関する一次文献と啓蒙知識人たちの哲学的著作の二つのテクストに見られるイデオロギー的な意図のズレという、その両方を追跡することにある。目的と意図、そして人間と自然界にまたがる物質的生活を統べる直接の力が場当たり的に選ばれた物的対象に授けられていると信じ、それを崇拝するという点で、フェティッシュ宗教の考え方は一貫している。こうした考えが含意しているのは、この種の物的崇拝は一神教（その三つの様態がキリスト教、ユダヤ教、イスラム教である）や多神教（偶像崇拝としてすべてを分類する崇拝行為の無定形な領域、つまりは偽りの神々の礼拝）といった伝統的なキリスト教のカテゴリーとはまったく相いれないということであった。ド・ブロスが最初にフェティシズムを論じる際にこうした含意をはっきりさせたことで、彼の新しい理論的な用語法は、一神教的信仰の変種（堕落形態）を特定するという問いから、物質の因果関係に関する人々の〝思考方法〟をもとに信仰類型を導き出すという問いへと、歴史的宗教の問題を再定義させることになった。この変化によって、神学的言説から、当時台頭してきた人間諸科学の企てとマッチした心理学的＝審美的言説へと問題が移動することになったのである。

また、ギニアの旅行記と理論的啓蒙思想の著述のあいだには、アフリカのフェティッシュ崇拝が宗教的妄想を制度化したものであり、黒人民族の社会構造を維持するためにそれが効果的に機能しているという考えでも一貫性があった。あらゆる形の社会的義務（婚姻や性的貞節から政治的忠誠や商業契約に至るまで）を裁可するフェティッシュ信仰の威力は、フェティッシュは信仰を破った人に超自然的な力で物理的な死をもたらすという、その核となる宗教的妄想から生まれると考えられたからである。フェティシズムは、それゆえ没人称的で公正な法規の合理的な理解というよりも、超自然的に引き起こされる死の不合理な恐怖に基づく社会秩序の原理を表していた。したがってこれにより、あらゆる蒙昧社会を支配する真の政治原理（それは常に恣意的な専制的暴力によって補われた）が明らかにされることになった。なぜなら、この社会的義務の体系が作動するのに必要な

図 3–1
偶像崇拝者たちの蛇を貪り食べたために殺されるフエダの多くの豚たち
（次の原著の一七〇五年のフランス語版より。W. Bosman, *New and Accurate Description of the Coast of Guinea*.）。

宗教的妄想の根拠が、物理的因果律の働きを知らない（まさに〝照らし＝知識〟を欠いたメンタリティの典型）ことに由来するものだとされたからである。フェティッシュ崇拝は、個人のメンタリティと社会組織の両方の基本原理として、蒙昧とは何かを典型的に例証するものとなったのである。

フェティッシュ崇拝を描くに際して冒険譚と啓蒙思想のあいだで異なるのは、〝利益〟という道徳的価値に動機を置く際の暗黙の判断にある。ボスマンや各国のインド会社に雇われた書き手たちは、アフリカのフェティッシュ崇拝の姿を、まさに合理的な自己利益――彼らからすれば、これこそ良き社会秩序の自然な組織原理でなければならない――の倒錯として表現した。フランスの啓蒙思想家たちはこの解釈を逆転させ、搾取好きなフェティッシュ神官と貪欲な商人を、どちらも〝利益〟という本質的に反社会的な動機の体現者だと見なした。このイデオロギー的な逆転によって、フェティッシュをめぐる言説の主要な解釈概念は、フェティッシュが最初から帯びていた歴史的に特定の商業的文脈から、心理学的・審美的理論の抽象的な場所へと移動することになったのである。

純理論的な用語として創始された〝フェティシズム〟概念は、十八世紀後半からその半ばにかけて広く受容されることになった。その世紀の終わりまでに、この概念は、ひろく一般的ではあるが固有の歴史的現実の名称として、そして宗教史と宗教の本質をめぐる学術上の論争で決定的に重要な用語として確立された。さらに、フェティッシュ崇拝に関する特定のレトリックは、啓蒙思想の論争家たち、特に合理的推論に対して経験的観察を重視する者たちにとって一つの決まり文句となった。本章の最終的な主張はこうである。すなわち、本質的に経験主義的かつ唯物論的なやり方で、宗教史と宗教の本質をめぐる重要問題が改めて定義しなおされたことで、フェティシズム概念は、十九世紀当時に台頭してきた専門的な人間諸科学にとって不可欠な、人間の意識と物質界に関するある程度の一般的な先入観を打ち立てたという点で、目立たないとはいえ重要な役割を果たしたというのがそれである。

第一節　ギニア海岸のフェティッシュをめぐる言説

十五世紀後半、ポルトガル王国はセネガルからアンゴラにいたるアフリカの大西洋沿岸に支配権を確立することになった。武力では勝っていたにもかかわらず、内陸本土の征服が叶わなかったポルトガル人たちは、その世紀の終わり頃には全面的な領土の帝国支配の野望は放棄していた。[*5] 十六世紀のあいだ、ポルトガル帝国の半＝封建的な〝契約制度〟の下で、（少なくとも理屈の上では）交易の独占権が三つのグループに与えられた。すなわち、カーボベルデの入植者たちにはセネガンビアと〝北部ギニア〟の交易権が、サントメの耕作者たちにはコンゴとベナンの交易権が、それぞれ与えられた。そして最も重要なものとして、もっと直接的な帝国の管理が行われたのがサン・ジョルジュ・ダ・ミーナの本土の要塞の周辺に組織された黄金海岸の交易であった。[*6] こういった建前上の独占は、個人の起業家やポルトガル人ではない干渉者たちによってしばしば破られ、彼らによってポルトガル帝国の管轄権が及ばないアフロ＝ヨーロッパ的な文化空間の形成が促された。最近の歴史家たちは次のように述べている。「十六世紀末まで、ポルトガル人は他のヨーロッパ諸国と散発的に競合したとはいえ、西アフリカの海上交易を支配していた。この時期に、アフロ＝ヨーロッパ間の主だった商慣行が姿を現したのだが、その交易様式と文化横断的な態度は驚くことに十九世紀後半まで続けられた」[*7]。

この「アフロ＝ヨーロッパ間の主だった商慣行」が作られていくなかで、ポルトガル語の"feitiço"（〃妖術にまつわる品々や慣習〃を意味する）は、いろいろなアフリカ民族のなかでポルトガル人が遭遇した多くの品々や慣習を言い表すようになった。この言葉の使い方に現れている古い指示対象と新しい指示対象、そして古い意味と新しい意味の配置は、独自の意味論的領域のなか、もっと正確にいえば十六世紀のアフロ＝ヨーロッパ的な相互作用の意味論的領域のなかに映し出された新たな強度ないし場所を形づくっている。他のヨーロッパ諸国民が海岸に上陸し、社会を形成していくなかで文化横断的な交流が企業家精神に富んだアフリカの仲介商人と混血の住人たちを介してどんどん進むにつれて、ピジン語〃フェティソ〃は、実用面と解釈面における重要性と理論的な意味あいを徐々に担うようになっていった[*8]。名詞〃フェティソ〃のほかに、アフリカの神官たちは、〃フェティセロ〃や〃フェティシャー〃と呼ばれ、そして極めて重要な口語表現——たとえば〃フェティシェを作る〃とか〃フェティッシュを付ける〃など——もここから派生した。そして"Fetiche"という言葉自体は、時には動詞として用いられることもあった。この用語の形成とその後の展開がフェティッシュ概念の起源となっている。

十七世紀前半にポルトガル人を追い出した北ヨーロッパ人たちは、文化横断的な取引が慣例化された次のような場所で、フェティソ言説の進化に遭遇することとなった。すなわち、セネガルのアフロ＝ポルトガルの住民たち、ガンビア川上流のイスラム系の交易都市、シエラレオネのメンデ族の首長共同体、黄金海岸にあるヨーロッパ人の交易砦の暗がりに住むアフリカ住民、そして奴隷海岸の交易飛び地の周辺などがそれにあたる。とりわけこれらのプロテスタント商人たちは、キリスト教的、イスラム教的、〝異教的〟、さらにはこれら住民のなかに見られるユダヤ教的な宗教形態の目に余る混合に衝撃を受けることになった。十七世紀にこの沿岸を訪れたフランス人ル・ブランは、こう述べている。一部のアフリカの住民は「ポルトガル人の家来になっており、彼らはあまりに奇妙な生活を送っているので、偶像崇拝者とキリスト教徒を見分けるのが難しいほどである」[*9]。北部ギニアの〝ニュー・リオ《リオ・フレスカ》〟の黒人について、ニコラ・ヴィローはこう書いている。「彼らの宗教はひどく混ざっている。そこにいるのは、カトリック教徒（ポルトガル人以外も多数住んでいた）、ユダヤ教に近い割礼者たち、イスラム教徒、そして偶像崇拝者たちである。偶像崇拝者は首から小さな革袋を下げており、彼らはそれを〝フェティッシュ〟と呼んでいる」[*10]。

この複雑な宗教的混交に対する当惑は、アフリカ人が非宗教的な事柄と宗教的なそれを混淆しているのが分かったことでさらに深まることになった。実際、十七世紀と十八世紀の報告書を注意深く読んでみると、ヨーロッパ人はギニアで六つの異なる価値を持った対象が奇妙にも混淆しているのに気づいていたことがわかる。（一）宗教的な聖なる対象（自分の持っている十字架やロザリオなど）。（二）審美的または性的な対象（すなわちヨーロッパ人がその〝美しさ〟、特に女性の装飾のために選ばれたと解した品々）。（三）経済的価値をもった商品化可能な対象（特に金のペンダント）。（四）民間療法の品々、護符（すなわち健康、運勢、安全のための魔除け）。（五）誓約の伝達手段として使われる品々（ヨーロッパ人が法廷で使う聖書に類するもの）。（六）当のヨーロッパ人自身が持ち込んだ技術品（迷信深いアフリカ人はその因果作用を擬人化するとされる）、である。アフロ＝ヨーロッパの言説においては、いろいろな儀礼の習慣や生物種のたぐいが〝フェティソ〟だとみなされていた。とはいえ、その典型的なイメージは、なんらかの無機物の物体のたぐい、例えば木像、皮のお守り、金のネックレス、石、骨、羽根といったものであった。つまり連想される一切の物的対象のすべてなのだが、それはどれも無益であり、つまらないものであった。スミスが説明しているように、「彼らが思い描くものすべて」がフェティッシュになる可能性がある。

「［アフリカで］最多の宗派は異教徒であり、彼らはまったく宗教について悩むことがない。それでも彼らの誰もが、なんらかのガラクタやそのたぐいにある特定の敬意を払い、ある種の礼拝を行っている。というのも、彼らはそれがすべての災厄から自分たちを守ってくれると信じているからである。ある者は獅子の尾を、ある者は鳥の羽を、別の者は小石を、布切れを、犬の足を持っている。要するに、彼らが思い描くものすべてである。そしてこれを彼らは自分たちのフェティッシュと呼んでいる。この言葉は、崇拝の対象を意味するだけでなく、しばしば呪文や魔力、魔術も意味している。フェティッシュを身に着けるとは誓約することである。こうした儀式はギニアの各地で様々に行われている」。[11]

この文章で描かれているように、ありふれた物的対象のこうした無根拠な聖別は、それがアフリカ人のメンタリティの本質を特徴づけるものだとみなしうるほど（実際、スミスや他の著者たちはそうみなした）あまりに極端であると同時に、しかしごく日常的な精神的混乱の状態を伴っているように思われたのである。そのうえ、この宗教的価値観と物的対象の混同は、アフリカの聖なるものがそのほかの価値の次元（美学的、性的、経済的、医療的、社会政治的、そして技術的な次元）と混ざることによってさらに複雑なものとなった。というのもこれらの次元もまた、気まぐれに選択された物体、子供が擬人化するようなこの無機的な物体に原因があることに気づいたからである。フェティソをめぐる言説のなかで姿を現したこの新奇な観念は、この極めて混乱した状況のなかで形成されることになった。そしてヨーロッパの商人を呼び込む様々な仲介人たちやヨーロッパ人自身が、フェティソをめぐる言説から生まれたアフリカ文化に実在する幻想をもとに彼らの目の前の具体的な現実を説明・描写していくうちに、この混乱の原因はアフリカ人のメンタリティにあるとされたのである。この用語は、頻繁に使われる言葉を単一の概念として把握する際の困難をものともせず、ヨーロッパ人の理論的考察のなかで新しい考えを表現しながら新たな一般的問題――すなわち物的対象の社会的価値の性質と起源という問い――を主題化することになったのである。[12]

アフリカの宗教的対象について十五世紀のヨーロッパの航海士たちが記している最初のタイプを考えてみよう。セネガルとガンビアで人々が普段首にかけている小さなお守りがそれである。それは、〝ハミナス〟〔*nominas*〕や〝グレゴリーズ〟〔*gregories*〕とも称される、コーランの一節が書かれた紙片の入った小さな赤い皮袋であった。前章で私がすでに言及したガスパー・ヴァスが身につけていた、〝あなたのフェティソのノミナス〟〔*nominas dos seus feitiços*〕もそうである。また、正式には〝主祷文〟とか〝聖人〟と呼ばれていたこれらのお守りは、アフリカ人にとって、キリスト教徒のロザリオ、小さな十字架、そしてその他の聖別の品々に相当するものであり、それによって信者個人が聖人の助力を介して神のとりなしを求めるのだとはっきり認識されていた。

さらにこうした革のお守りには、ヨーロッパ人から見れば宗教的価値やその他の価値があるとは思えない単なる装飾品、〝ガラクタ〟や〝ゴミ〟のようなカラフルなガラス・ビーズやその他のオブジェがしばしばくっついていた。[*13] シエラレオネの住民に関するニコラ・ヴィローの次の文章は、そのような品々に対してひときわ困惑する様子を伝えている。

「彼らの宗教は多様である。ポルトガル人がこの場所に頻繁に訪れ、そのうちの大多数がここに住みだすにつれて、〔住民の〕多くが改宗していった。他方、その他の人々はイスラム教や偶像崇拝に留まった。彼らは、いくつかの突飛な像を崇めている。彼らはそれをフェティッシュと呼び、神々として朝な夕なに礼拝している。彼らがおいしいものを持っていれば、特にそれが肉や魚、またはヤシのワインであれば、彼らは神に敬意を表して、その一部を地面に投げたり、撒いたりする。

ある日、あるムーア人のカヌーで〔船から〕陸地に向けて出発するために乗船した私は、彼がなにかつぶやいているのを聞いた。私にははっきりと『アブラハム、イサク、ヤコブ』という言葉に聞こえたので、私は今なんと言ったのかと彼に尋ねた。彼は、海上で自分を守ってくれる自分のフェティッシュに感謝を捧げていたのであり、ムーア人はみな同じことをしていると答えた。彼らはみな、こうしたフェティッシュを首や肩から下げた小袋に入れ、朝晩になにか食べ物をそれらに供えている。彼らはまた、ラサド、つまり彼らが最も美しいと思う、あらゆる色の小さなガラス・ビーズでフェティッシュを装飾している」[*14]。

この文章の解釈態度——宗教的な混同から、まともな価値など一切ない単なる装飾に対する未開人の美的趣味へのあからさまな軽蔑まで——は、〝フェティソ〟のとりとめのない連鎖のなかへといつのまにか入り込む特徴的な修辞法の一つである。また、食べ物や飲み物といったフェティッシュへの供物を、（擬人化された）フェティッシュが文字通り〝食べる〟という間違った信念から行われていると解釈するのも特徴的である。

実際、ヨーロッパ人は、アフリカ人の精神では個人的な宗教的対象と美的な装飾品を区別することができないと確信するに至った。そしてこの認識は十八世紀までに理論的な見解のレベルにまで達することになった。

「フェティッシュという言葉は、ニグロのあいだでは二つの意味で使われている。まずそれは衣服や装飾に適用される。次に、神格として崇拝される何らかのもの（湖、石、樹木など）に適用される。その限りで両方に一致しているのは、どちらも魔除けと見なされている点である」[*15]。

この明らかな宗教的＝審美的な混同は、フェティソがおそらく言い表していた最も重要な対象は何かという議論——アカン族では小さな金飾りがそれである——において、特に見事に例証されている。マレースは、「たくさんの黄金のフェティソと十字架で自分の髪を束ね、金輪を首に掛けている」黄金海岸の女性の夫について語っている。[*16] ボスマンは「黄金のフェティッシュを身に着けている」アカン族の女性の精巧なヘアスタイルについて語っている。[*17]〔トマス・〕フィリップスに続き、アストリは黄金海岸の住民についてこう書いている。「彼らは、精巧に作られた、いろんな姿の金の小物を持っている。これは装飾品として黒人たちが身につけているもので、自分たちの髪や首回り、手首や足首に括られている。そうしたものを彼らはフェティッシュと呼んでいる」。[*18]

これらの金の装飾品は、黄金が（少なくとも十八世紀初頭に奴隷貿易がはっきりと優勢になるまで）主たるお目当ての商品であったため、もちろんヨーロッパ人にとって大きな関心事であった。だが実際には、黄金と他の物質を混ぜて精巧に作られた多様な動植物や架空の人物に鋳ぬかれたこうした護符的な装飾品は、ヨーロッパ人から見ると、欲しい商品でもあり、欲しくもない商品の代表であった。フェティソは、ヨーロッパの商人が入手できる黄金の三つの形態のうちの一つであり、残りの二つは金粉と鉱石の塊であった。[*19] しかし、フェティソの黄金には不純物が混ぜられていることが大きな不安を呼ぶ原因となったため、〝フェティッシュの黄金〟といえば商業的詐欺で使われる〝偽の黄金〟だと連想されるまでになってしまった。ボスマンは次のように強調している。「ニグロたちは黄金に混ぜ物をする非常に巧妙な職人である。なぜなら、経験の浅い商人ならしばしば騙されてしまうほど彼らは金粉と山のような黄金（すなわち金塊）を巧妙に偽造・変造できるからである」[*20]。経済的な取引で金に〝混ぜ物をする〟詐欺は、当然にもフェティッシュの金像が体現している宗教の虚偽性を反映するものであった。

「私はすでにフェティッシュという言葉の語義についてあなたにお知らせしました。それは、もっぱら宗教的な意味で使われるか、少なくともそこから派生しているものです。彼らの偽りの神々に敬意を表して造られるすべてのものが――決してそれほど貧相でもないが――フェティッシュと呼ばれます。そして模造金もまたそう呼ばれるのです」[*21]。

フェティソに鋳造されたこの〝模造金〟（銀と銅を混ぜた金）は、ボスマンの時代には、〝カケラス〟〔Kakeraas〕と呼ばれる小さな硬貨に利用された。たとえば、サヘル草原北部のイスラムの諸都市との交易で発達した国内市場のように、金粉・分銅・天秤を用いた整備されたシステムははやくから発展していたが、こうした硬貨はそうしたシステムを補完するために、域内市場を流通する通貨として機能した。だがその金の質は比較的悪く、価値の低い金であった。ボスマンが称賛するのがアカン族の黄金である。なぜなら「彼らの金は、ディンキラ族のそれのように決してフェティッシュと混ざっていないので、はるかに価値がある」[*22]からである。同様に、「アクリア族からも、われわれは、フェティッシュやカケラスが混じっていない極めて良質で純粋なそれ〔黄金〕を手に入れた」[*23]。価値が低く、無遠慮に〝鋳造された〟フェティッシュ・ゴールドという観念は、欺瞞の疑いがあるものや、文化横断的な交易につきまとう物的商品の商業的価値を判断する際の強い懸念を一般的にあらわす一種の代名詞になった。

ヨーロッパ商人の最大の経済的欲望を体現していたこうした装飾フェティッシュはまた、ヨーロッパ人が沿岸で経験したもっと個人的な欲望の的にもなった。というのも、次の二つの要因から、どういうわけかアフリカ社会の本質とその説明原理として、ひどく性的な要素がフェティッシュ概念に加味されることになったからである。すなわち、一夫多妻制のアフリカ社会では王家の女性が重要な公共の治安機能を果たしていたのにそこでの女性の地位を誤解したこと、そしてヨーロッパ人とアフリカ人の間に頻繁に性的関係があったこと（現地の沿岸に少なくとも一人の子供を残していったボスマンも例外ではなかった）がそれである。イギリスの奴隷業者ジョン・アトキンスの文章では、性欲をそそる装飾と女らしさといった意味論的な要素が〝フェティッシュする〟という動詞で表現されているのがわかる。

「〔黄金海岸にあるイギリスの主要な交易砦である〕ケープ・コースト城の女性たちは、粗末な土の塗料を使い顔、肩、胸に自分の一番好みの色でフェティッシュしている」。*24

別の箇所では、穀物海岸の女性たちが描かれている。

「女性たちは、彼女らがフェティッシュする〔*fetishing*〕と称するものが好きである。つまり男性の好意を熱心に惹こうとすることだ。彼女たちは自分の額のまわりに白、赤、黄の波模様をつけている。これはそれが乾く前に線状に細く描かれる。他の者たちは、それで腕や胴体のまわりに円を描き、恐ろしい図像も喜んで描く。他方、男たちは腕輪の装飾品や、手首と足首のまわりには真鍮、銅、スズ、あるいは象牙製のマニラス〔西アフリカの腕輪の通貨〕を着けている。手や足の指にも同じものを、そして猿の歯の首飾りや耳には象牙の棒を着けている……」[*25]。ヨーロッパ人たちは、西アフリカでのこの三色の使用が意味する複雑な象徴体系や、身体の開口部と関連づけられているリングや他の装飾品に含まれている象徴的意味を知らなかったため、アフリカ人の〝フェティッシュする〟習慣は純粋に美的な行動だと決めてかかったのである。

フェティッシュ言説に関するテクストは、これらアフリカの装飾様式を説明するために、恣意的で気まぐれな空想や愚かな虚栄心という審美的＝心理学的観念を常に用いてきた。ロワイエは、アフリカ人の手の込んだ髪型が「彼らの幻想と想像力のままに」とりとめもなく変化していると述べている[*26]。そのうえ彼によれば、気まぐれな幻想は宗教的フェティッシュの心理学的根拠でもある。「彼らのフェティッシュは各人のさまざまな空想に応じて多様にある」[*27]。「彼らは自分にとって新しいもの、あるいはそれ自体で特別なものをすべて神々とする」[*28]。それゆえ、フェティシズムの形成過程で偶然の結びつきが決定的な役割を果たしている主観的な根拠は、非合理的で審美的＝性的な心理学にあるとされ、この心理学は彼らが物理的な因果律の性質を合理的に理解していないという理由でさらに補強されることになった。ヨーロッパの著述家たちの議論によれば、これこそ黒人たちがある種の行動を始めた後に、たまたま彼らの注意を引いたまさに最初の対象をフェティッシュとして選ぶそのやり方のうちに、はっきり見て取れるものであった。（著名な王族のフェティッシュとは対照的に）フエダ族の「愚鈍なフェティッシュ」について語るアストリは、アトキンスに続き、こう述べている。

「この小さなフェティッシュは、どんな家業や事業でも彼らが決意した後に最初に目に飛び込んできたものであるが、時には彼らをその事業へと決意させることもある……。これは、ボスマンがその知り合いの賢明なニグロ［本書第二章第四節を参照］と結んでいた関係にも当てはまる。この知り合いはボスマンにこう語った。もし彼らの一人がなにか重要なことを引き受けることを決心したなら、彼はその計画を成功させるためにただちにフェティッシュを探しにいくだろうと……」。[29]

　奇妙な物的対象を個人の目的と偶発的に結びつけることによって当事者の意思を外部から決定する、このいわば偶然による手続きこそ、〝フェティッシュ崇拝〟の根本的な知的退廃をなすものであった。フェティッシュ崇拝者の奴隷の境遇は、幼稚にも彼らが自然の出来事のメカニズムによる無作為な決定に自らの自発的な内的意志を従わせてしまうことにある。[30]ヨーロッパ人が実際に奴隷化を行うより前に、ブラック・アフリカが本質的に卑しいものであることをこのように特徴づけることこそ、ギニアの商人たちのイデオロギー上の根本問題に対する解答であった（ここでいう〝イデオロギー〟とは、〝自分が実際に行うと仮定してみて、自分自身が道徳的に正しいと感じるには、自分はどう考えるべきか〟という現代的な意味である）。

　フェティッシュを装飾品と解釈したこと、つまりそれを原始的な美的感性と道徳以前の性的欲求の（空虚な）価値に見合うものとして解釈したことは、フェティッシュ崇拝は奔放で気まぐれだとする一般的な見解に、さらに決定的な概念的根拠を与えることになった。ヴィローは、アフリカの女性は「色情にまみれている」[31]と書いているし、アストリはデマルシェに続いて、フエダ族の「女

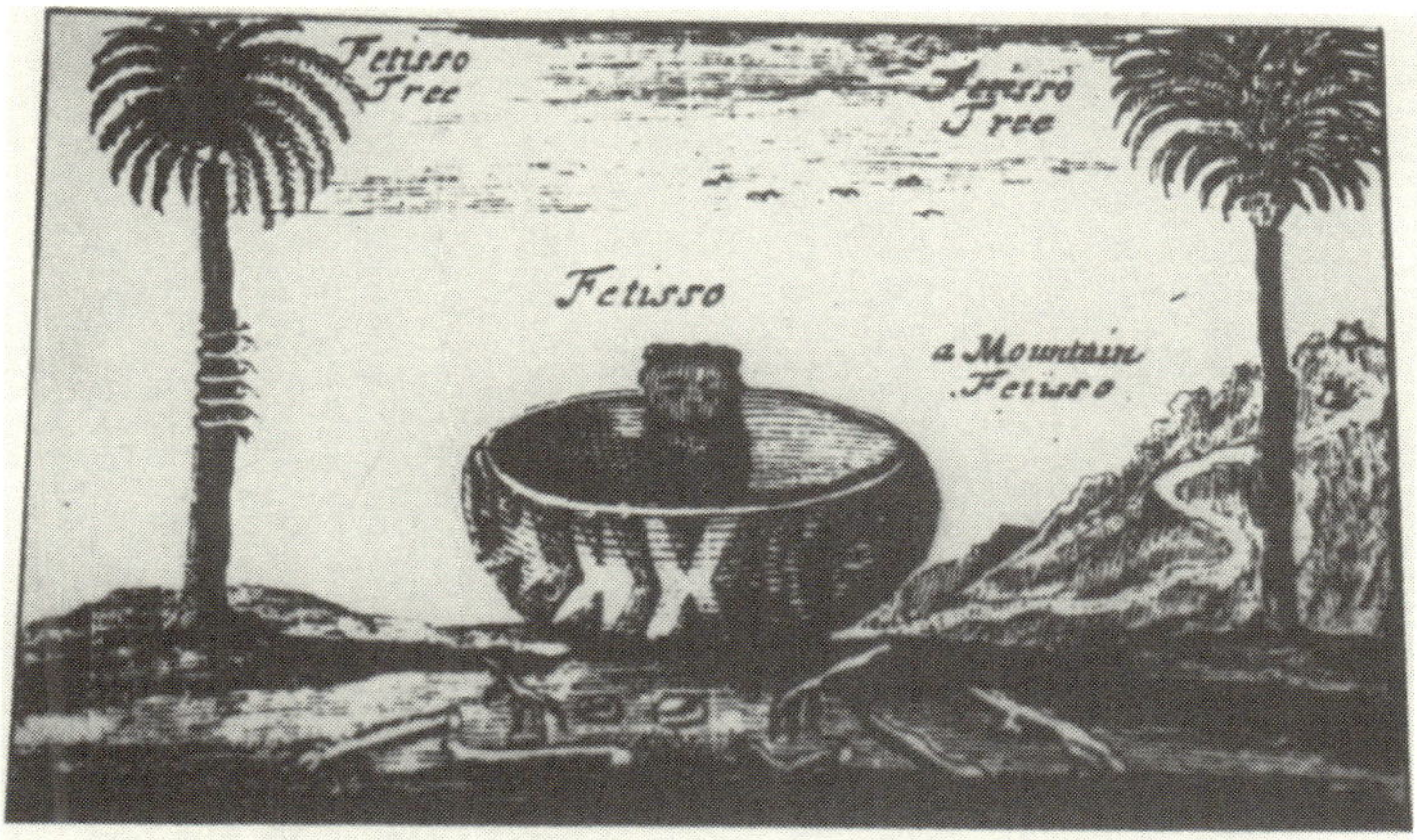

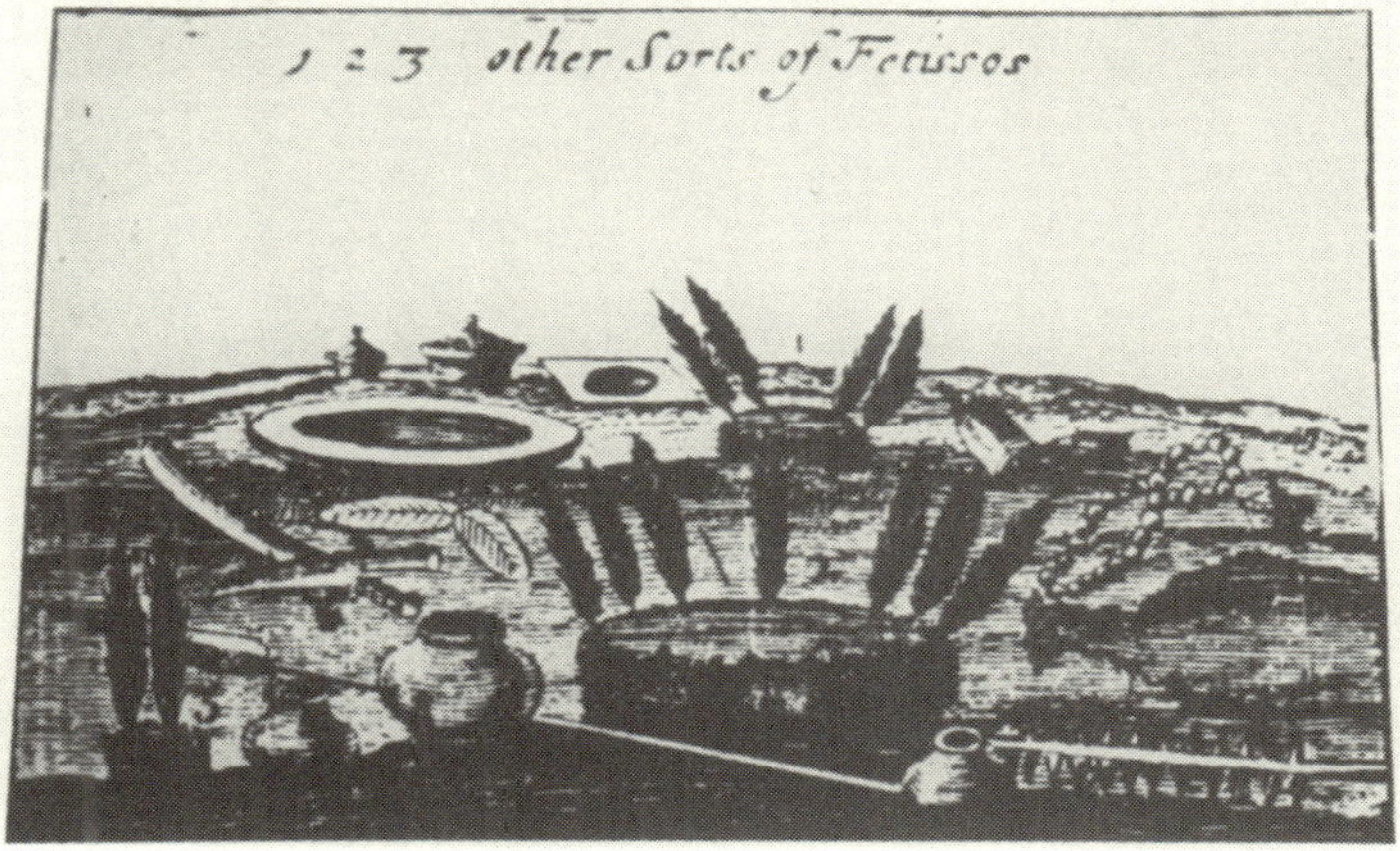

図 3–2（上）、3–3（下）
フェティソのイラスト（次の文献より。J. Barbot, *A description of the coasts of north and south Guinea, in Churchill's A Collection of Voyages and Travels*, London, 1732, vol. V, p. 312. これらの挿絵はアカン族のフェティッシュを描いている）。

性の放蕩さ」[32]について語っている。ギュドゥヴィルの『王立地理学』は、「ギニアの各民族」という短い項目ではあるが「女性たちは極めて貪欲である」と記している。[33]このテーマは、次節で論じるように、フエダ族のフェティッシュ蛇が話題に上ったときに特に前面に出てくることになる。

ヨーロッパ人たちは、アフリカ女性のフェティッシュを同時に乱交と迷信への誘惑として経験することになった。アトキンスは、ケープ・コーストのイギリス総督が妻として迎えた混血の女性が「常に裸足のままで、足首・手首・頭髪に金の鎖と金塊でフェティッシュしている」[34]と嘲笑的に記している。総督と彼らの子供の何人かが病気になった時などは、アトキンスは、彼らが土着の迷信を優先させて総督自身の医学的助言を無視したことにあっけにとられている。

「〔彼らは〕私のどんな物理的な指図よりもフェティッシュすることの方を好み、手首や首周りにそれらを身につける。総督はまともな分別を持った紳士だったが、われわれの恐怖が生み出す愚かな習慣にどうしても屈せざるをえず、われわれの宗教を選ぶのか、あるいは変更するのかで気持ちの揺らいでいるのが見えた」[35]。

マレースやその他の人々が指摘したように（本書第二章第四節を参照）、樹皮の花輪（アカン族のスマン）を糸で通した、黄金海岸の住民たちが身につけている小さなフェティッシュ装飾はまた、アフリカ人によって病気や災厄を跳ね返す防御力があると信じられていた。[36]アトキンスは、主要な〝情報提供者たち〟の一人にフェティッシュ信仰のこの側面について次のように尋ねている。

「彼ら［黒人］のうちで誠実な仲間の一人トム船長（わが黄金ハンター）は、われわれに雇われたことで少しの英語を理解できるようになり、私の素晴らしい知人となった。そんな彼は、自分のできる限りの最善の方法で、フェティッシュに関する私の好奇心をいつも満たしてくれた。彼はそれが危険から身を守ってくれたり、病気から回復させてくれると信じている。そういうわけで労苦や病気の一切に関して、彼らが常に健康と安全を願うフェティッシュが必ずある。トムはそれを足につけているが、海でも同じようにいつも少量のワインや食べ物を携帯して、それを指ですくってフェティッシュに味見をさせる。フェティッシュは言葉をしゃべり、物を見たりするという一般的な信念がそこにはある。それゆえ、実施される一切の振る舞いにおいて、フェティッシュは彼らのトメの中に隠されているか、陰口を叩かれないように布切れに包まれている」[*37]。

こうした物的対象には身体の健康や生死にまで影響を及ぼす力があるとするアフリカ人の信仰は、アフリカのフェティッシュ崇拝が因果律の性質を見誤った不合理な理解に原因があるという解釈に大きな根拠を置いていた[*38]。このことはヨーロッパの著述家たちが頻繁に記した逸話のせいで、さらに補強された。その逸話とは、迷信的なアフリカ人がどうして自分たちの技術装置（測量器具、航海器具、銃など）を神秘的な存在として擬人化するのか、あるいは観察したことを紙に書き留める行為を、どうして〝フェティッシュ〟に呪文をかけることだと理解しているのかということであった[*39]。

ヨーロッパ人が気づいたのは、フェティッシュの加護の働きは個人の健康や全般的な幸運に限られないということであった。ロワイエは、ある特定のフェティッシュの加護の作用について触れている。たとえば、国王は自分の秘蔵の金塊を守るためにフェティッシュを持っていたし、[*40]あるいは彼が祀った別のフェティッシュは播種期の畑を守るためであった。[*41]マレースは、戦時の防衛のために用いられるフェティッシュに言及している。[*42]特にヨーロッパの著述家たちが強い印象をうけたのは、〝わけのわからない〟フェティッシュ、つまり「妻たちに畏敬の念を抱かせるために男たちが考案したニグロの謎の偶像[*43]」であった（ドルバックは『百科全書』のなかで「わけのわからない偶像」〔〝Mumbo-jumbo Idol〟〕に項目を割いている〔以下の＊73を参照〕）。同様の理由から、迷信深いアフリカ人の妻たちは「夫に自分の貞節を保証するために」特定のフェティッシュを食べるのを控えるようになった。「なぜなら妻たちは〔ロワイエの説明によれば、この上なく乱れた性関係に奔放に身を委ねる未婚の女性とは違い〕服従を強いられており、それを食べるとフェティッシュは自分たちを殺すだろうと信じているからである[*44]」。アフリカ女性の過剰な性的情熱は次のような対策まで必要であると思われていた。すなわち、ロワイエが結婚式で観察したところによれば、「彼女らはみな、永遠の友情の証として、そして現在の夫に対する新婦の貞節の証としてフェティッシュを食べる。それにひきかえ、新郎は多くの妻をもつ許しを得ているので〔自分が押し付けた〕貞節を誓約させられることはない[*45]」。裁判では、姦通のせいで夫から告発された女性のケースのように、彼女たちは真実を告白する保証として宣誓でフェティッシュを飲まされることもある。[*46]

実際、ヨーロッパ人は、その軽信から殺す力があると信じられているフェティッシュが必須の誓いを伴うありとあらゆる儀礼と正式な手続きで用いられていることに気づいていた。

「彼らはまた、必須の誓約を行うことを〝フェティッシュの誓約をする〟と呼んでいる。どんな義務でも再確認する必要がある場合、彼らの決まり文句はこうである。〝さらなる確認としてわれわれにフェティッシュの確認をさせたまえ〟。この時に彼らは、誓いの盃〔Oath-Draught〕を飲むのだが、通常そこでは、義務の内容を果たさなければフェティッシュが彼らを殺すかもしれないという呪いの言葉が添えられる。どんな義務でも、それを負う者はすべてこの誓いの酒を飲むことが義務づけられている。どんな民族も他の民族の援軍に借りだされる場合、その民族の首長はみな、次のような呪文とともにこの酒を飲むことが義務づけられている。すなわち、彼らが敵を追い払うために最大限努力を惜しまず助けなければ、死をもって償ってもらうことになる、と」。[*47]

このようにフェティッシュは、家族の私的な領域と、国家や市民社会の公共的な領域の両方で社会秩序の根拠とされたのである。潜在的な商品としての黄金のフェティッシュはもちろん、それと一緒に商業契約や外交条約が必然的にフェティッシュの言葉使い（人間相互間の新たな義務を創造する媒体としてのそれ）に委ねられたために、ヨーロッパ人が実践的にフェティッシュの現実に足を踏み入れざるをえないことに気づいた場所がまさにここであった。それゆえスミスは、どうしてイギリスがシェルブロ王に送った和平条項の最初の項目が「わが陛下は自分のフェティッシュを介して誓うつもりである」のか、そして「彼が二四人――しかも武装解除した人々――を超えるお伴を引き連れて、シェルブロ島［イギリスの交易砦があった場所］に将来にわたりやってくることはない」のかについて説明を加えている。[*48]

ヨーロッパ人にとって、アフリカのフェティッシュ崇拝は、迷信が政治と商業の世界にそのまま直に入り込んでいることを意味していた。ヨーロッパ人は合理的な理由もないのに困難や障害を強いられたが、そうした障害がフェティッシュ崇拝から派生していることを、通訳者たちから説明を受けていた。[*49] アフリカ人には正直さ、誠実さ、信頼などが明らかに欠けており、それはフェティッシュの迷信のせいで起こった道徳的退廃と関係していると考えられるようになった。[*50] 欲しい商品は、それが〝フェティッシュ〟の地位にあるために、質の悪い混ぜものに甘んじるか入手困難であった。アフリカ社会は、フェティッシュ崇拝の中心的な宗教制度――すなわち、合理的な法規や契約の認知（グロティウスの時代に世界中に乗り出していった商人たちには、そうした規則が持つ自然で普遍的な文化横断的秩序のほうが当たり前になっていた）というより、超自然的に襲いかかる死の恐怖に基づく義務の命令――によって構築されており、歪められているように映ったのである。[*51]

第二節　アフリカの「フェティッシュ崇拝」と商業イデオロギー

フェティソをめぐる複雑な言説は、宗教的・審美的・性的・商業的・社会＝政治的な意味をひとまとめにした意味論的領域を詳細に描き出していた。この意味論上の一団は、フェティッシュに起因する医学的、ないしその他物理的な力のなかにはっきり表われている因果律理解の根本的誤謬の説明に役立つ考え方を中心にまとめられてきた。それゆえフェティッシュ崇拝は、多様な価値と権力——とりわけ自然の豊かさと個人の人間生活という両方の物質的な生活にまたがるあらゆる力——の出所を誤って無機質な物的対象のうちにあるとみなす一種の迷信であった。こうした力に対する信仰は、効果的な社会的義務の体系——それは拐かされ、罵られてきたとはいえ——に対して、次のような土台を提供していた。すなわち、主観的な道徳能力と客観的な法的秩序という合理的な社会的義務の形式など明らかに存在しないのに、その代わりフェティッシュの誓いを破ったがためにそれによって下される超自然的な死の恐怖という土台を提供していたのである。[*52] 商品貿易を円滑に行うために信頼できる社会関係を築こうとしていたヨーロッパ人にとって、フェティソ概念は、これらの無知な人々に合理的な市場行動を指南しようとした際に自分たちが体験したアフリカ社会の異様さや特殊な諸問題を具体的にまるごと説明するものとして浮かび上がったのである。[*53]

フェティソをめぐる複雑な言説のあらゆる側面は、十八世紀のヨーロッパで権威を持った、ブラック・アフリカに関する次の報告のテクストのなかに見てとることができる。私が取り上げたいのは、オランダの商人ウィレム・ボスマンが書いた『新ギニア海岸詳説記』である。この書名が示すように、啓蒙思想に知られていたギニアとは、まずはボスマンのギニアであった。一六八八年、ウィレム・ボスマンは十六歳でギニア海岸まで渡航し、一六九六年頃にはオランダ西インド会社の筆頭商人となって、ギニア沿岸では総督に次ぐ権限を与えられていた。冷酷だった彼の上司が一七〇一年に会社から追放されると、ボスマンも彼と一緒にお払い箱にされ、二九歳の時にオランダに戻り、生涯をそこで終えた。一七〇二年に著された本書は「これまでに書かれた最も人気のある旅行記のひとつ」[*54]と言われているが、主にはオランダ西インド会社の役員会に向けて書かれたものであった。彼がこれを書いたのは、確かに彼自身の人材としての値打ちや不公平な待遇を役員たちに知らせるためであったとはいえ、少なくとも部分的には、会社の中心的方針として金取引を促進し、奴隷貿易に反対する論議を呼び起こすためでもあった。

ところがボスマンの報告書は、オランダ西インド会社の役員をはるかに超える読者層を獲得することになった。一七〇三年にオランダで出版されたこの本は、従来のものより広範かつ詳細、事実の優位性に対する信頼、そして経験主義的な懐疑的精神といった点で優れていたため、ギニアの黄金海岸と奴隷海岸に関するそれまでの権威にすぐに取って代わることになった。一七〇五年にフランス語と英語の翻訳がお目見えし、翌年にはドイツ語の翻訳も出版された。一七〇九年にオランダ語の増補第二版が出されると、その後も一七一一年、一七一八年、一七三七年と立て続けに三つの版が出版された。一七二一年には英訳の第二版が出され、一七五二年から五四年にかけてはイタリア語版も出版された。

ボスマンの報告書の成功を物語るもう一つの指標は、十八世紀のその後の報告書のなかでそれが頻繁に盗用されたところにある。[*55]ラバトの有名な一七三〇年のギニア報告は、〔その記述の〕ほとんどはデマルシェに依拠していると言い張っているが、黄金海岸と奴隷海岸をめぐる事実・解釈・逸話の多くは――この地域の民族主義と植民地争奪競争のゆえに、しばしば未確認なものではあったとはいえ――ボスマンから引き写されていた。一七四三年から一七四七年には、ハクルート、パーチャス、ハリスらの初期コレクションの全記録から校訂版を作ろうとしていたトマス・アストリの手により、英語圏の航海記の一大集成が刊行された。その序文でアストリは、作家たちがお互いに──アストリいわく「ボスマン自身も例外ではなく」[*56]──頻繁に引き写したり、剽窃したりするので、こうした校訂版が必要であることを正当づけている。明らかにボスマンは独創的で信頼に足る著者の代名詞であった。アストリのギニアの巻では、ボスマンは別格の一流の権威とされている。アストリの集成は、追加資料がつけ加えられて、アベ・プレヴォ（一七四六～一七六八）による有名な仏語のコレクションへ、そしてシュワブ（一七四七～一七七四）によるドイツ語版へとそれぞれ翻訳された。

ボスマンの書は、特にギニアに関心のある読者のなかで高い地位を保っていただけでなく、当時の有力な知識人たちのあいだでも関心を惹いた。われわれの調べでは、ニュートンとロックの蔵書にはフランス語版が、そしてギボンの蔵書にも英語版がそれぞれ入っている。アダム・スミスの蔵書リストには入っていないが、スミスはその文書に完璧に精通しており、一七六〇年代の法学講義で何度も言及している。[*57]

しかし、十八世紀の思想家たちの関心を特に惹いたのは、ボスマンの書物の第十書簡と第十九書簡のなかに出てくるフェティッシュ崇拝に関する議論であった。われわれの知るところでは、一七〇五年にすでにピエール・ベールが、フェティッシュ宗教の性質をめぐるボスマンの報告に対するジャック・ベルナールの誤った解釈を正して、異教徒（そしてもっと一般的にすべての神官たち）

の宗教は欲得ずくの動機に基づいており、倫理的行動を促すどころか片っ端からそれを根絶してしまったことを、ボスマンの証拠を使って証明しようとした。[58] 確かにボスマンの自明のテーゼによれば、個別的にはアフリカのフェティッシュ宗教と、一般的にはアフリカの社会秩序は、完全に利益の原理に基づいているとされていたからである。[59]

ボスマンの描くギニアは、緻密な観察と新たな経験的懐疑主義の勝利[60]であると同時に、アフリカとヨーロッパの社会を共に再編成する商業的な世界経済の新たな勢力・区分が海外の社会秩序と場所のなかに読み込まれた、ひとつの奇妙な幻想でもあった。この幻想それ自体は、ギニア海岸の文化横断的な空間で生まれたものであったが、ボスマンの報告や解釈の多くは、自分たちの社会から離れたこの空間に住む黒人の情報提供者に由来していた。

例えば、ボスマンは、〝アフリカ人たち〟の間に広まっている次のような創造神話を詳しく語っている。

「ニグロたちが教えるところによれば、初めに神は白人と黒人を一緒に世界に住まわせるために、白人と同様に黒人を創造してくれました。そのため黒人たちは、自分たちの種族がわれわれの種族〔白人〕と同じくらい早く地上にいたことを仄めかすだけでなく、それを証明しようと努めました。そしてもっと大きな名誉を自分自身に与えるために、彼らは私たちにこう言うのです。神はこれら二種類の男性を創造したが、二種類の贈り物、つまり黄金と読み書きの技能を授けてくれた、そして最初の選択権をもらった黒人は黄金を選び、白人には記述の技能が残されました、と。そして神は黒人たちの要望を認めはしたが、しかし彼らの貪欲さに立腹した神は白人が黒人の永遠の主人となるべしと決断したために、黒人たちは奴隷として仕える羽目になった、とのことです」[*61]。

ここでわれわれが手にしているのは、（利己的でありのままの欲求の物的対象であり、前倫理的かつ前社会的、つまりは不道徳なそれとしての）黄金と、（知識の次元、したがって社会的で道徳的な次元にある）記述の間の対立軸を介して可能となった興味深い文化横断的な神話である。もしわれわれが弁証法的な問いを立てるとするならこうだ。すなわち、どのような意味で黄金それ自体がすでに記述〔と等価〕であるのか、そしてどのような意味で記述それ自体が黄金〔と等価〕であるのか？（ここから関係を遡って、記号論的構造が移し替えられたところの歴史的文脈を追跡するならば）、われわれは貨幣の価値は金貨に刻まれ、紙幣や簿記に記されている（つまり紙幣には金〔と等価〕〝である〟と記述されている）という考えへと導かれる。もっと正確に言うと、われわれは、西アフリカ海岸にやってきたヨーロッパ人にとっていまや動機と行動の自覚的なコードと体系になった、商品価格とコスト計算の新しい通貨システムへと導かれるのである。神話自体は、アフリカ人の強欲に対する罰として、この新しい論理（つまり白人によって黒人が奴隷化され、商業資本によって人間が奴隷化されること）が生み出す最も恐るべき問題を説明し、正当化している。これは、フロイトの夢理論にも値する転倒した解釈である。

実際、ボスマンの逸話は、まるで白昼夢が人生を目覚めさせるかのように、そして願望の成就が経験の解釈の背後にある欲望と問いを暴露するかのように、しばしば機能している。特に関心を惹くのは、フエダの大奴隷貿易港の蛇崇拝に関するボスマンの逸話だ。一七〇五年のベールを皮切りに、十八世紀を通じてフェティシズムの典型例になったのがこの蛇崇拝であった。こうした逸話からわれわれは、初期のフェティッシュ言説を、啓蒙思想の一般的な言葉遣いの一部となった言説へとテクスト化させ、イデオロギー化させることになった言説の構造を、最も手っ取り早く検討することができる。

しばしば翻案されたのが大量の豚の無慈悲な虐殺にまつわる逸話である。[*62] 管見の限り、このエピソードはラバト、[*63] アストリ、[*64] プレヴォ、[*65] 人気雑誌『ブリティシュ・マガジン』、[*66] そして『百科全書』内のドルバック男爵による蛇崇拝に関する一七六五年の記事のなかで再説されている。[*67] またこの出来事は、ド・ブロスが最初に〝フェティシズム〟という言葉を生み出した一七五七年の著作〔『南方大陸航海史』〕でも言及されている。そこではこの言葉は、人類の原初宗教を表す一般的な理論用語として提案された。この〔ボスマンの〕逸話は、次のように記されている。

「一六九七年、私の同業者で仲買人のニコラ・ポル氏（当時の彼はフエダでわが会社のために奴隷貿易を統括していた）は、極めて愉快な光景を楽しみにしていた。復讐のためか、あるいは神の聖体への愛からか、〔崇拝の対象である〕蛇に噛みつかれていた豚が、蛇を捕まえ、貪り食っていた。ニグロたちはそれを目撃したが、それを制止するほど十分には近くにいなかった。この一件について、神官たちはみな国王に不満を訴えた。この豚は自己弁護もできず、弁護人もいなかったのに、神官たちは、彼らの請願としてまったく不合理にも、次のような王令を発するよう国王に求めた。

すなわち、王国のすべての豚は直ちに殺されるべきであり、無実のものを有罪のものと一緒に全滅させるのが合理的かどうかは一顧だにせず、豚の種族は根絶されるべきである、と。この王令は全土に布告されることになった。そして、それに従事するために、何千もの黒人が王令を実行しようと剣と棍棒で武装するのを見るのは少なからず面白いことであった。他方、豚の所有者たちの大多数も豚の無実を訴えながら、それを守るために同様の方法で武装したが、無駄であった。虐殺は続けられ、殺せ、殺せという陰気な声以外は何も聞こえなかった。この声によって、その最後の日まで純真無垢に生きてきた多くの無実の豚の生命が失われた。その後、おそらくはベーコン・ハムの愛好家たちに心動かされた国王（彼はもともとは冷酷ではなかった）が、すでに十分に無実の血が流され、神はこれほど多くの犠牲であれば慰められたはずだということで、その王令を別の王令で撤回することがなかったならば、種族全体が完全に絶滅されたのは間違いないだろう。生き残った豚たちが、こうしたむごい迫害から自分たちが解放されたことに気づいたとき、この豚たちにとって、これは極めて歓迎すべき知らせではなかっただろうか。それを判断するのはあなたである。この件について、豚たちが今後同じような刑罰を受けないように、特別な措置が取られた*68」。

このエピソードのなかで、ボスマンは寓話という文学的ジャンルを皮肉まじりに使うことで期待通りの修辞学的な効果をあげている。動物たちが話すことができ、意図をもった精神的な動因として行動できるという信じられないような世界を、黒人のフェティッシュ崇拝者たちが文字通り信じているものとして特徴づけられている一方、このヨーロッパの作家〔ボスマン〕の強烈な皮肉（「極めて愉快な光景を楽しむ」など）は、自然界に対する彼のリアルな理解を示している。読者は、書き手の皮肉の利いた侮蔑に加担しながら、物事の真の状態を理解できる子供のように寓話形式で話しかけられる。そして「復讐のためか、あるいは神の聖体への愛からか」であるとか、豚にとって「これは極めて歓迎すべき知らせではなかっただろうか、それを判断するのはあなたである」という結びの呼びかけにあるように、二者択一を迫るような言葉遣いで、理性と妄想の間で選択する機会を読者に与えるのである。寓話のもつ啓発的なモラルを伝えるどころか、ボスマンの嘲笑的な寓話は道徳的に転倒した世界を示している。

そのほかに、このエピソードはボスマンの本を介してギニアの民族や社会の特徴を描く際に現われる、ある種の言説構造によってテクスト化されている。この構造は、ボスマンが沿岸で出くわしたフェティッシュ言説を個別にイデオロギー化することにある。イデオロギーへのアプローチの一つは、何らかのリアルな歴史の問題を記号論的に構造化したものをイデオロギーだと見なすことにあり、その結果としてイデオロギーは公式の問題——この問題のなかでは、一方では合理的知識に、他方では道徳的権威にカウントされるものはすべて互いに分離され、歪められ、反目してきたと見なされる——として姿を現すことになる。[*69] こうして理性は、それが正当な道徳的権威の目的から逸脱すると、みだらな動機によって変質したように見える一方で、公権力は、それが合理的な知識の導きから逸脱すると、暴力的で非合理的な目的に導かれているように見えるのである。

蛇崇拝に関するボスマンの逸話は、お馴染みの啓蒙主義的な体裁をした特徴体系を示している。

たとえば、理性の不道徳な濫用は、人々の恐怖と軽信を偽善的に操る、合理的で経済的に利己的な神官たちの姿のなかに現れている。[*70] 迷信的で恐怖にかられた民衆は、アフリカ社会一般を象徴するものであり、完全な政治的無力状態（すなわち知識と権力の両方の欠如）と結びついた非合理性の原理を体現している。[*71] もう一つの姿は、（民衆の絶対的な服従を補完する）公権力の腐敗を象徴する国王である。彼は「もともとは冷酷ではなかった」ため、理性の声を聞くことができ、少なくとも一時的にはオリエントの専制君主というよりも啓蒙君主となった。だがほとんどの場合、国王は、神官と一般信者の間にあるとされる搾取的欺瞞の基本的関係の受動的な受益者として現れる。バルボは、軽信的な黒人たちに神官らが押しつける出鱈目な神託フェティッシュについて論じた後、次のように述べている。

「これら無邪気にも騙された民衆の事例は、狡猾でずる賢い神官たちの姿を伝えている。神官たちは、明白な欺瞞にさえ黒人たちが気づかないほどに彼らの目をくらませ、さらに自分たちの飽くなき強欲や虚栄心を満たすために、そして宗教的な事柄と同様に、世俗の事柄においても民衆を牛耳るために、あらゆる場面で自分たちへの絶対的な服従下に彼らを押さえつけているのである」[*72]。

ボスマンの豚の虐殺の逸話には見られないが、他の事例に見られる蛇崇拝と関連づけられた重要な特徴のタイプは、アフリカ人の女性である。すでに言及したように、アフリカの女性はヨーロッパ人にとってひどい醜聞であり、かつ魅惑の対象でもあった。旅行記作家だけでなく、ドルバック、ド・ブロス、カント、カスティヨンのような学識ある啓蒙思想家たちによっても、いつも彼女たちは（アフリカ人の家庭生活の領域では）無条件に夫たちの無能な奴隷として、そして政治的権限の領域では出過ぎた邪魔者として紹介されている。[*73] フエダでは、国王の妻たちは行政権力の代表であり、蛇崇拝の女性は高い社会的地位を有していた。

ボスマンは、社会の公共制度や政治権力を歪める暴力的な非合理の力の役割（先のエピソードでは豚の虐殺者たちが果たした役割）を女性が果たしているという二つのエピソードを語っている。最初の逸話は、ボスマンのアフリカ人の友人が誤って犯罪者として告発されてしまうというものである。国王は自分の女たちを送り込んでこの男の家を壊して、処刑のために彼を連行しようとする。一方、ヨーロッパ人とも親交があり、火薬樽のような科学的合理性の象徴を所有しているこの友人は、樽の傍らで燃える松明を持って立ち、家と自分もろとも女性たちを吹き飛ばすと脅している。女たちはこの威嚇にひるんで国王のところに帰るが、しかし宮殿に戻った彼女たちをこの男は叩きのめし、国王に状況を説明する（国王は再度その理由を聞く度量はもっていた）。それを聞いた国王は、自分の判断を破棄してこの男は救われることになったというものである。もう一つのエピソードは、蛇崇拝の巫女であるこの同じ男の妻がある種の発作――この逸話を再録したド・ブロスが自分の本のなかで〝ヒステリー性ののぼせ〟と呼んだ発作[*74]――を持っているというものである。ボスマンその他の人々は、この発作を宗教的熱狂の計略であり、欺瞞であると特徴づけている。この発作によって女たちは自分の夫よりも上に立ち、また宗教的熱狂から女たちを〝治癒〟することで神官たちは民衆からさらに金を巻き上げることを習わしとしていた、と。ボスマンの話によれば、ある日、妻の発作にしびれを切らした男が、彼女を治癒のために寺院に連れていく代わりに、ヨーロッパの船が見える海岸へと連れ出した。そうすると、夫が自分を奴隷として売り飛ばそうとしていると恐怖した彼女は、狂言ヒステリーから永遠に立ち直り、従順な妻に変わったという（ここでもまたわれわれは、あらゆる願望成就の反転のなかでも最も理解しがたいものを目撃する。なぜならヨーロッパの奴隷制度に対する肯定的な道徳的作用が露呈しているからである）。

啓蒙思想にとってフェダの蛇崇拝のもう一つの大きな情報源であるデマルシェ（つまりは「その さらに情報源である」ラバ）は、十八世紀のフランス文学の想像力に取り憑いた放蕩なカトリック女子修道院というエキゾティックなものになぞらえて、このアフリカの宗教礼拝をさらに一段と明確に特徴づけている。それによれば、蛇崇拝の神官たちは、馬鹿正直な人々から巻き上げた奉納物やお布施を糧にして生きる貪欲なごろつきである。その総額は「［主任］神官の幻想、彼自身の入用、そして彼の強欲に比例している。なぜならこれらはすべて儲けに変わるからである……」[*75]。その国の善良な夫たちの妻のなかから、神官たちはフェティッシュ蛇に仕えるための巫女を選ぶ。「実際、それに仕えるために選ばれたのは最も美しい若い女性たちであった」[*76]。貪欲な性的放蕩が男性の蛇神官とその団体の主な目的であったのに対し[*77]、巫女となった女性たちの目的はもっぱら、アフリカ社会の規範とされていた夫に対する妻の絶対的隷従状態を覆すことにあった。妻が蛇の巫女になった際に、ラバは読者に次のように語っている。「哀れな夫は、彼女に敬意を表して奉仕し、膝をついて話しかけ、そして彼女がその気まぐれのままに生きることを許さなければならない。さらに家内の万事も彼女に引き渡すことが求められるのである……」。[78] それゆえフェティッシュ蛇の崇拝は、公共の政治的秩序だけでなく私的な家族内秩序の完全な堕落の表象でもあったのである。

ラバ、アトキンスその他の人々のように、ボスマンの文章でも、女性は常に無軌道な権力を欲する非合理な情熱の持ち主であり、正当な権威の制度をすべて台無しにしてしまう本能的な虚言癖と好色の権化として描かれている。搾取する神官、非合理的な女性、迷信的な政治形態、そして専制的な国王、これらは知識と権力が再び手を握るまでずっと道徳的に転倒し続ける世界として、ボスマンが描くギニアの基本的な性格分類の骨格をなしている。

先ほどの豚の虐殺の逸話には、豚の虐殺という全般的な社会危機から生まれた新しい集団の出現によって〝理性〟と正当な政治権力が一致する瞬間があり、願望を成就しようとするボスマン自身の根底にある欲望の本質をその時に垣間見ることができる。それは、突如自己意識に目覚め、自分の財産を守るために立ち上がり、(豚の所有者として) 一つになったブルジョアジーに他ならない。〝ベーコン・ハムの愛好者〟(合理的な消費者) を自らのアイデンティティとする彼らは、国王の耳をつかんでその絶対的な法制権を行使させ、社会全体に対する災厄 (重要な食糧源の慢性的損失) を回避しようとするのだ。[79]

ボスマンの書では、アフリカ社会は理論的問題として考えられており、フェティッシュ崇拝は、徹頭徹尾、それを解く鍵として登場する。ボスマンの明白なテーゼによれば、フェティッシュ信仰は社会秩序の真の原則――つまり利益――からの退廃である。フェティッシュ信仰という制度化された迷信は、ボスマンの解釈によれば、健全な経済と真に道徳的な社会秩序をもたらす自発的で自然な市場活動を阻む特殊な社会的力なのであった。

フェティッシュ信仰はこうして神官たちの陰謀となった。確かに神官と商人は同じ動機（経済的に合理的な自己利益）から行動したが、しかし商人は正直で道徳的だったのに対して、神官は偽善的で不道徳者であった。神官による搾取は、住民たちの迷信的な信仰心のおかげで可能となったのである。豚の虐殺の逸話は、社会的価値を帯びた自然物として蛇と豚を対極に置き、物語を構造化することによって実際の状況を表現している。迷信的な過大評価のせいで蛇の価値が誤認され（つまり実際の社会的価値はゼロである）、これによって本当の豚の価値（つまり将来ベーコン・ハムになる見込みのある、万人の自然なニーズに基づく合理的な経済価値）が覆い隠される。そしてこれは、自己利益に反する暴力的な集団行為、さらには政治秩序の混乱へとつながることになる。[*80]

ボスマンが寓話のジャンルを用いていることは、合理的な自己利益と社会秩序の認識を阻む宗教的妄想を引き起こすメンタリティという一つの解釈を示唆している。すなわち、アフリカ人は自然の実体に人格的意思を与える性癖があるといわれており（それは言葉を話す動物の寓話＝習慣が示している）、そのため彼らは自然界の非人格的秩序を人間社会の道徳的秩序と混同してしまっているのである、と。彼らは自然を擬人化して、動物が言葉を話したり、少なくともその他の霊的な力（つまりフェティッシュの超自然的な力）を行使すると信じているのである。

アフリカ人は、ちょうど彼らが人格と意思の力を誤って物的性質の非人格的領域に当てはめてしまうように、自然の機械的な非人格性を決断・目的・方針の形成という人間の秩序のなかに投げ入れる連中だと理解されている。具体的にいえば、これは私が前章および本章ですでに説明してきた迷信的固着の起源である「最初の遭遇」論（誤った原始的経験論の一種）によって説明される。

アフリカ社会は、道徳的な原則に基づく意思によってではなく、偶然のメカニズムによって秩序づけられているという一般的な考え方は、十八世紀の先進的な精神の持ち主たちによって採用されることになる。リンネは、人類の基本的な四人種の特徴に関するその有名な報告で、ヨーロッパ人の社会統制原理が法律であるのに対して、アメリカ先住民にとってのそれは習慣であり、アジア人にとっては憶見であり、アフリカ人の社会的原理は「気まぐれ」[*81]であると主張した。それゆえ、機械的あるいは偶然的な因果律の秩序にふさわしい自然の物体に目的や意思を付与する擬人化は、非人格的な物的実体の擬人化を含意する神人同形論とともに、自然界における因果律の科学的知見からもたらされるあの合理的啓蒙主義からは遮断された迷信的精神による独自の心理的作用となったのである（そうした解釈の一つはヒュームの『自然の宗教史』のなかでその決定的な理論的表現を受け取ることになる）。これこそ、その後の二世紀にわたって社会科学と植民地主義イデオロギーの両方のレトリックにとって本質的な考え方となるものである。それはフェティシズム概念の中心に位置し、またエマニュエル・カントとエドワード・タイラーのような多様な理論家たちの共通の概念的根拠を開示する鍵を提供することになるはずである。なぜなら、〔カントの〕合目的性と〔タイラーの〕アニミズムという概念は、フェティシズム問題に関する著述へとこの二人の思想家を共に向かわせることになった同じ問題意識に由来しているからである。

図 3–4
ダホメのボシオ像。材質：木、骨、奉献物（Metropolitan Museum of Art, 1984, 190）。

原注

第一章

＊1　MacGaffey, Wyatt, « Fetishism Revisited: Kongo Nkisi in Sociological Perspective », *Africa* 47(2), 1977, p.172

＊2　この言葉は中世末期のポルトガルでは聖職者たちによって使われたこともあったように、そのさらなる概念的な価値評価については本章後半の歴史のパートで論じることにしたい。

＊3　次の拙稿を参照のこと。« Bosman's Guinea: The Intercultural Roots of an Enlightenment Discourse », *Comparative Civilizations Review*, fall, 1982.

＊4　Rattray, R. S., *Religion and Art in Ashanti*, Oxford, Clarendon Press, 1927, p. 9.

＊5　マクガフィーの前掲論文の序論（一七二－七三頁）を参照のこと。彼自身は、〝フェティッシュ〟という術語を絶望的に堕落した、使い物にならぬ言葉として唾棄してはいない。

＊6　エドモンド・リーチの次のような主張の背景にあるのは、概念を観察対象の代わりに観察者に適用するこの立場の皮肉な事例である。「［レヴィ＝ストロースや構造主義者たちを別にして］人類学者たちが〝フェティシズム〟や〝妖術〟や宗教的象徴の意味についてこれまで語ってきたことはどれも、ヒンズー図像学の〝男根〟の諸要素に対する関心にそのルーツがある……」（in « Review of Gananath Obeyesekere's Medusa's Hair

″, *London Times Literary Supplement*, December 18, 1981, p. 1459）。

＊7　″フェティッシュ″という術語のカント的用法がこれである。かつて論理実証主義者エルンスト・マッハは、物理的な因果律の観念をフェティッシュだと非難していた。

＊8　ジル・ドゥルーズは『差異と反復』（一九七二年）で「フェティッシュとは価値の共通感覚ないし認知としての社会的意識の自然な対象である」と述べているが、その際彼は、西欧の哲学的思考の伝統の根本的な評価の見直しと″逆転″というその書のニーチェ主義的な企てに相応しく、原理的な理論的意義の積極的な用語として″フェティッシュ″を使っている。

＊9　私は″生産様式″と呼ぶにはためらいを感じる。商業資本はまだ本来の生産様式ではなかった一方で、十五世紀ポルトガルの封建制は、封建制社会の内部に商業的な勢力を受け入れることのできる、絶対主義的な政治形態をすでに展開していたからである（次を参照のこと。Anderson, Perry, *Lineages of the Absolutist State*, London, NLB, 1974, pp. 40-44）。多くのアフリカ社会、特にセネガンビアのそれはかなりイスラム化が進行していたが、その一方でベナンのような他の社会では、専制的で従属的な政治構造を発達させていた。

＊10　ヘーゲルは次のように書いている。アフリカは「世界史に属する地域ではなく、運動も発展も見られない……。本来の意味でのアフリカは歴史を欠いた閉鎖的な世界であって、いまだまったく自然のままの精神にとらわれ、世界史の敷居のところにおいておくほかない地域である」（長谷川宏訳『歴史哲学講義』岩波文庫、一六九頁）。「アフリカ精神」を体現しているアフリカ人とフェティッシュ信仰のヘーゲルによる特徴づけは、十九世紀初頭に受容された、アフリカ・フェティシズムのヨーロッパ的な理解を典型的に表している。

ヘーゲルによれば、「アフリカ人の性格の特徴」は、それが「われわれがものを考えるときにつねに必要とする一般観念の原理」〔同上、一五九頁〕を欠いていることにある。アフリカ人は「彼らが道で出くわす最初のもの」を崇拝する。「動物でも木でも石でも木像でもなんでも守護神に祀り上げる。……フェティッシュとして祀られるものは、個人の恣意をこえた独立性を持つかにみえるが、それがフェティッシュとして対象に選ばれたのは、個人の恣意的な自己直観にもとづくのであって、その限りで、像を支配しているのは依然として恣意にほかならない。雨が降らず不作になる、といった不都合が生じて、フェティッシュがそれを防止できなかった場合には、彼らはフェティッシュを縛って殴ったり、壊して捨てたりして、あらたに別のフェティッシュを作り出す。フェティッシュは彼らの意のままになるのである。そのようなフェティッシュには宗教的自立性も芸術的自立性もなく、あくまで創造者の手中にあって、創造者の恣意を表現する被造物である。要するに、黒人の宗教には、自分たちが何かに従属するということがないのである」〔同上、一六二頁〕。逆説的にも、このことは、ヘーゲルにとってアフリカ宗教の第二の特徴を含意している。超越的権力の媒介者として振る舞う国王や神官たちに対する絶対的隷従というのがそれである。つまり、〝自然人〟だけが、自然の混沌とした力を操る人々に授けられた抽象的な指導力を卑屈にも崇めることができるということだ。こうしたアフリカ人の見方がアフリカ人を生来の奴隷だと説明しながら奴隷貿易を正当化するイデオロギーとして果たした役割は、ヘーゲルにとって奇妙であったどころか、自明であった。

＊11　MacGaffey, p. 172

＊12　この情報提供者は、まさにラトレイがフェティッシュを理解するには信用ならぬ情報源として告発した

あの〝教養あるアフリカ人〟であった。なぜならこの提供者は自身の文化からすでに疎遠になっていたからである。「この教養あるアフリカ人は、しかし彼自身の民族の生活からすでに離れ、それにはもう愛着など抱いていなかった…。過去に関することは彼は何も知らないし、ほとんど気にもかけていない。二百年前の作家ボスマンはこう述べている。「このニグロは、自分の国の神々を笑いものにしている」(Rattray, R. S., *Ashanti*, Oxford, Clarendon Press, 1923, p. 87)。

＊13 Bosman, Willem, *A New and Accurate Description of the Coast of Guinea*, ed., John Ralph Willis, London, Cass, 1967, p. 376a.

＊14 アメリカ先住民の社会原理は〝風習〟であり、東洋人のそれは〝臆見〟であった。もちろん、ヨーロッパ人の社会原理は〝法〟である(カール・フォン・リンネ『自然の一般体系』第一巻、哺乳類部門、第一部霊長類を参照)。アフリカ人の社会と精神性が気まぐれに基づいているという特徴づけは、それ以上の何かを〝恣意的〟というほとんどロック的なカテゴリーで意味させるために十八世紀の間ずっと再解釈されてきた。『狂気の歴史』のなかでフーコーが論じたように、セルバンテスの『ドン・キホーテ』やシェイクスピアの『リア王』、あるいはヒエロニムス・ボスの図版などにその証言がみられる、気まぐれというルネサンス的な観念は、空想的な狂気――人間の条件の深みと本質はその極限を介して明らかにされる――を理性にとっての他者として特徴づけている。ロックや啓蒙思想家たちにおいては、非合理的な精神活動はどこまでも〝恣意的〟なものとして否定的に考えられ、客観的な現実によってもどんな本質的な事実によっても説明のつかないものであった。恣意的とは、説明のつかないランダムな結びつきであるという考えには、もちろん心理学的な含

意だけでなく、言語学的・政治的な含みもある。実際、恣意的記号というソシュール的な考え方は、ロックまでさかのぼる（ハンス・アースレフが『ロックからソシュールへ』のなかで辿ろうとした系譜がこれである）。他方、政治学の自由主義理論は、絶対王政の〝恣意的〟権力による弾劾に抵抗するかたちでその姿を現した。自由主義による心理学的な含意と社会的な含意の統合については、次を参照のこと。Unger, Roberto Mangabeira, *Knowledge and Politics*, New York Free Press, 1975

＊15　シャルル・ド・ブロス『フェティシュ諸神の崇拝』を参照のこと。その主張によれば、「気まぐれを満たしてくれる最初の対象」がアフリカ人のフェティッシュとなるので、それに伴う「思考方法」も「象徴的解釈《フィギュリスム》」やアレゴリー、さらにはエウヘメリスム的歪曲でさえなく、むしろ偶然に基づいているのでもっと恣意的なものだとしている（偶然の理論）。

＊16　« Le Fétichisme dans l'amour », *Revue Philosophique*, 1887, vol. XXIV, pp. 142-167, 252-274.

＊17　In *The Voyage of Cadamosto, and other documents on Western Africa in the second half of the fifteenth century*, ed. and trans. G. R. Crone, London, Hakluyt Society, 1937, p. 68.

＊18　Kant, Immanuel, *Observations on the Feeling of the Beautiful and Sublime*, trans. John T. Goldthwait, Berkeley University of California Press, 1960, p. 111.

＊19　この種の議論についてはモーリス・ゴドリエの次の論文を参照のこと。Godelier, Maurice, « Market economy and fetishism, magic and science according to Marx's Capital », and « Fetishism, religion, and Marx's general theories concerning ideology », in *Perspectives in Marxist Anthropology*, trans. Robert Brain, Cambridge University Press, 1977, pp. 152-185.〔前者の邦訳には、ゴドリエ、モーリス「商品経済、フェティシズム、魔術、科学」、今村仁司訳『現代思想』6(9)、青土社、一九七八年、六八–八一頁がある。〕

＊20　レヴィ＝ストロースが〝トーテミズム〟を構造主義的に再解釈することができたのは、まさにトーテムの〝真の〟部類から個別で特殊な宗教的対象を大幅に切り離したことによる。それら宗教的対象は氏族アイデンティティないし部族全体と無関係なフェティッシュであり、少なくとも構造主義者によれば社会的にはあまり重要ではなかったので関心が惹かれなかったのである。次を参照のこと。*Totemism*, trans. Rodney Needham, Boston, Beacon, 1963.〔レヴィ＝ストロース、クロード『今日のトーテミズム』仲沢紀雄訳、みすず書房、一九七〇年〕

＊21　「それゆえ、フェティッシュはすべて象徴主義の二つの境界の一つとして現われる。……一方でフェティッシュが、他方で抽象語が、象徴界を確定する。この二つは同じ一つのシステムに属しており、両者は全体としてそのシステムを基礎から支えている」(Pouillon, Jean, *Fétiches sans fétichisme*, Paris, Maspero, 1975, p. 119)。

＊22　Silla, Ousmane, « Langage et techniques thérapeutiques des cultes de possession des Lébou du Sénégal », *Bulletin de l'I. F. A. N.*, vol. XXXI, ser. B, no.1, 1969, p.217.

＊23　次を参照のこと。Jameson, Fredric, *The political unconscious : narrative as a socially symbolic act*, Cornell University Press, 1981, pp. 95-97.

＊24　これこそまさしく『資本論』の第一篇でマルクスが指摘したことである。そこで彼はこう書いている。「商

品生産に基づく労働生産物を、はっきり見えないようにしている商品世界の一切の神秘、一切の魔術と妖怪は、われわれが身を避けて、他の諸生産形態に移って見ると、消えてなくなる［つまりフェティシズムだと暴露されるᅳ］」〔向坂逸郎訳、岩波文庫、第一分冊、一三七–三八頁〕。商品イデオロギーを批判的に特徴づけるために（そして逆もまた同様に）、マルクスが宗教用語を一貫して用いるその使い方は、社会の一類型を別の生産様式をもった社会の価値体系の枠組みに当てはめて、当該社会の価値体系を批判的に分析するための比較の方法を表現している。別稿で論じるつもりだが、この分析方法のレトリックの構造は、最初期（つまりド・ブロスの著作の独訳版を読了後の一八四二年ごろ）のマルクスが〝フェティッシュ〟という言葉を使う際に顕著にみられたものである。たとえば、ルチオ・コレッティは第二インターナショナルのマルクス主義を批判するに際し、「マルクスの価値論は彼のフェティシズム論と一致している」と述べている（『ルソーからレーニンへ——イデオロギーと社会の研究』英訳版、七七頁、強調はコレッティ）。フェティシズム論とは、諸社会の価値と価値意識のあいだで異なった生産様式と出くわす場所に（若きマルクスのようにたとえ単に想像上だとしても）設定されたあの比較の観点から姿を現した価値論なのである（つまりライン地方で薪の〝窃盗〟事件が起こり、農民の封建的既得権とブルジョワの所有権のあいだで争点となった時に、アフリカ＝カリブ海社会の価値体系から判断されている）。

＊25　Leiris, Michel, « Alberto Giacometti », *Documents*, vol.1, no. 4, 1929, p. 209. この重要な小論を私に紹介してくれたジェームズ・クリフォードには感謝申し上げる。

＊26　Leiris, *ibid.*, p. 209.

＊27 Leiris, *ibid.*, p. 209.

＊28 Leiris, *ibid.*, p. 209.

＊29 特にハイデガー『同一性と差異性』所収の論文「同一性の命題」を参照のこと。〔ハイデッガー『同一性と差異性』（ハイデッガー選集10）、大江精志郎訳、理想社、一九六〇年〕

＊30 第一章＊8を参照のこと。

＊31 「人間のあいだには人間と現実的諸関係しかない（メルロ＝ポンティにとってはまた、事物や動物たち、その他もあると私はつけ加えよう）とわれわれが語るとき、われわれは単に集団的対象物を支えるものは個人の具体的活動のなかに求められるべきであるといいたいのだ。われわれはこのような対象物の実在性を否定するつもりはないが、その実在性とは寄生的なものであると主張したい。……これらの〈集団的存在〉の性質やその由来については不確かなままに留まっている。マルクスによってその下図の作られたフェティシズムの理論は、その後決して発展させられたことはなく、そのうえこの理論はすべての社会的現実にまで及ぶことができないらしい。こうして社会有機体説を排しながらもそれと対抗する武器が欠けている……。集団的存在についての研究をはじめからやり直し、これらの対象物が合意による直接的統一性をその特徴とするどころか、反対に遁走的展望を呈するものであることを示す必要がある。……われわれにとっては集団的対象物の実在性はその回帰性の上に根拠を置いている。それは全体化が決して完了することはなく、全体性とは非全体化された全体という資格においてはじめて最もよく存在するものであることを証明している〔この意味で、サルトルが数頁後で書いているように、都市もその不在の偏在からその実在性を引き出す物質的・

社会的組織である。都市は、それがいつも別の場所にあるという限りにおいて、その街路のひとつ一つに現れているのである……〕。集団的存在は、以上のような姿で行為と知覚に直接現れる。その個々の内部にわれわれは具体的な物質性（運動、本拠、建物、言葉、その他）を見出すだろうが、その具体的物質性がそれ自体を腐食する一種の遁走を支え且つ表明している。私は窓を開くだけで事足りる。教会、銀行、カフェがみえる。これらは集団的存在である。この千フラン紙幣も別の集団的存在である。わたしが今しがた買った新聞もまたそうである。〔そしてマルクス主義に寄せるべき第二の非難とは〕マルクス主義がこういった対象物をそれ自体として、即ち、社会生活のあらゆる段階において研究しようという気を起こしたことが決してなかった点である」（サルトル『方法の問題』平井啓之訳、人文書院、一九六二年、八五－八七頁）。

＊32 次を参照のこと。Heidegger, Martin, « The Origin of the Work of Art », in *Poetry, Language, Thought*, trans. Albert Hofstadter, New York, Harper and Row, 1971, pp. 17-87.

＊33 Leiris, *ibid.*, p. 209.

＊34 Leiris, Michel, *L'Afrique fantôme*, Paris, Gallimard, 1981, p. 3.

＊35 おそらく指摘しておいてよいことだが、マックス・ヴェーバーがフェティッシュ問題にほとんど関心を向けなかったのは、彼がもっぱら慣習化のほうに焦点を合わせたためである。彼がフェティッシュに言及したのは、（『宗教社会学』の冒頭で）カリスマ的権威の一種の客観的な相関現象としてフェティッシュに触れた時のたった一度きりである。デュルケムもこの概念に対する関心が低いが、その理由はヴェーバーと同じところにある。つまりヴェーバーもデュルケムも、社会的存在の非主観的で社会学的な決定要因に関心があ

ったのだ。一八八七年以降、〝フェティシズム〟概念を取り入れたのは新たな（デュルケムとヴェーバーにとっては過度に主観主義的な）社会心理学であった。

＊36　Garrard, Timothy F., *Akan weights and the gold trade*, Longman, 1980, p.201. ギャラードは、現地人の報告を記録した次のような文書を引用している。「白人が手紙を書くように、われわれはこれらの分銅を他人に送る。カニのハサミ。ご存知のように、カニは非常に握力の強い生き物であり、いちどそのハサミで掴んだら決して手放さない。たとえハサミが胴体から切られても、粉々に潰されるまで掴み続ける。仮に私がこれを、自分を侮辱したもう一人の上司に送ったならば、長い無駄話をするまでもなく私が何を言いたいのかを彼はすぐにわかるだろう。もし彼が私に詫びるつもりなら、なにか返礼にふさわしい分銅を私に送るだろう。そのつもりがないなら、別のカニのハサミを私に送るだろう。つまりそれが意味するのは、われわれは戦うことになる、ということである」（二〇二頁）。

＊37　パドランの先駆的な研究は次である。Cordeiro, Luciano, *Descobertas e Descobridores*, *Diogo Cão*, Lisbon, 1892.『ポルトガル史』（一九五二年）のなかで、チャールズ・ノウェルはこう書いている。「ヘンリー王の時代、冒険家たちはしばしば発見したものに木で十字架を作ったり、木に彫り込んだりして目印をつけていたが、それらはどうしても腐りやすかった。それゆえディオゴ・カンは、リオーシュ、つまりリスボン近郊で切り出された一種の石灰岩の大理石でパドランを建造した。石柱の上には十字架が載っているが、最も重要なパーツは柱の部分である。そこに発見者の名前、発見日、探検隊を送った国王の名前が刻まれているからである。多くのパドランは故郷を離れる前に準備されるのだが、日付のような細かいところは、石柱が建てられる時

まで空白にしていた。いうまでもなく、予想されるあらゆる天候条件に十分に耐えられるように、しっかりと建てられた」（五三頁）。

＊38 「コンゴ河口の聖ゲオルギオスのそれ〔パドラン〕は、それをどかそうとした数人のイギリスの船乗りたちが海中に投げ込んだ一八五九年までフェティッシュとして利用された」（Livermore, H. V., *A New History of Portugal*, Cambridge University Press, 1967, p. 129）。

第二章

＊1 過去分詞 *factum* は、もちろん「造られた」という意味である。*Facticius* は、過去分詞の語幹 *fact-* を、条件、質、または状態を表す形容詞の接尾辞 *-icius* と繋げてできたものである。接尾辞 *-icius* はといえば、通例の形容詞の接尾辞 *-ius* の拡大形である。*-ic-* で補強されたこの接尾辞形は、動詞によって示された完了行為の永続的で実質的な、または決定的な特徴を強調するために用いられてきたように思われる。この接尾辞はまた、建築材料を表現する特定の名詞にも添えられてきた。たとえば、*caementicius* は、「*caementum*（天然のセメント）から作られた」を意味したし、*latericius* は、「レンガを積み上げた」を意味した。*facticius* のように、これらの言葉は、製造品に関するローマの商業言説のなかで発達したようである。

＊2 Pliny, *Natural History*, tr. H. Rackham, Harvard University Press, 1938, vol. 4, p. 57, Bk. 12, section 75.

＊3 Pliny, *ibid.*, p. 220 [Bk. 34, sec. 125]

＊4　Pliny, *ibid.*, p. 434［Bk. 31, sec. 42］

＊5　商業的な言説を除けば、*facticius* はキリスト教以前のローマ文化で馴染みのある言葉ではなかった。語句集《コンコルダンス》から、一般的に使用された用語ではないことがわかる。ユリウス・カエサルのような政治家らはそれを使っていないし、リウィウス、タキトゥス、スエトニウスなどの歴史家も、ウェルギリウス、ホラティウス、オウィディウスといった詩人も、キケロ、セネカ、クインティリアヌスといったモラリストや雄弁家たちも使っていない。エピクロス主義者らの原子論的唯物論であれ、ストア派の本体論的唯物論であれ、古代の唯物論哲学の特殊な用法でも、重要な理論用語ではなかった。キリスト教の宗教言説のなかでこの言葉がまとった新しい意義を考えれば、キケロが『予言について』（第二巻、十一章）の中で、自然の類の予言（霊感や憑依によって夢、口寄せ、予知を介して行われるもの）と、占術のように人為的（*artificiosum*）な予言の形態を区別した際に、彼が用いた言葉は、*facticius* ではなかったのは特に注目に値する。また、古典文学でもっとも有名な、人を欺く崇拝対象であったトロイの木馬は、*facticius* という風には形容されていない。つまり木馬の製作者エペウスがアテナの神業の導きで造った（『アエネーイス』第二巻）この「人を欺く装置」（*dolus*）は、*facticius* ではなくむしろ *artificiosus* と呼ばれている。*Artificiosus* は〝巧みに作られた〟を意味している。それは、（神格とは対極にある）人間の力で作ることにも、*Facticius* が含意する事物の物質的な資格にも、力点を置いてはいない。西暦三世紀と四世紀に、キリスト教イデオロギーのためのラテン語の語彙と、カトリック教会の本質的な教義と典礼の構成要素が発達・制度化されることになるが、この時代のキリスト教の作家たちにとってしばしば有益であったこの言葉を作り出したのは、まさにこうしたコノテーション（言外の意味）

だったのである。

＊6　すなわち、ある意味では一つの物質的対象として、人を欺かない神の似姿を生み出すことである。単一の超越的な人格神、悪がはびこりやすい物質の創造、救済のためのキリストの顕現といったものに対する基本的なキリスト教の信仰を考えると、物質的な身体がどういう意味であれ、なぜ神の映像になりうるのかという問題は、初期のキリスト教の異端者たちが例証しているように、特に厄介な問題であった。『創世記』一の二六－二七節に依拠しながら、四世紀のアウディウス派〔シリアのキリスト教宗派〕は、神自身が人間の姿をしていると主張したため、その神人同形論の廉で非難された。一方、グノーシス主義のヴァレンティヌス派は、キリストは純粋に霊的な存在であり、（真の人間性はもつが）生の身体はもたないと主張した。マルキアヌス派は、その問題は無益であると考え、身体の復活を否定した。アポリナリオス派とパウロス派は、キリストは身体を持ち、単なる人間であったが、神の御言葉の非人格的な力が彼のうちにあったと主張した。最も重要な異端、アリウス派は、キリストは人間の魂ではなく人間の身体を引き受けたのであり、被造物として神に劣る二次的な神格であると主張した。近代ヨーロッパ黎明期のアダム派の事例は、こうした問題がなおも続いていたことを物語っている。

＊7　Tertullianus, Quinti Septimi Florentis, *"De Spectaculis"* in *Opera omnia*, vol. 1, Weigel, 1854, p. 26.

＊8　Tertullianus, *ibid.*, p. 10.

＊9　ギリシアの哲学的伝統とは異なり、ユダヤ＝キリスト教の言説は、類似性が本質的に物質的な関係であり、それ自体では、霊的なモデルを表現するには本来向いていないと見なしている。確かにギリシア思想の

ように、物質的な個体がその永遠のモデルの形に似ることは、その個体がそのモデルの美徳をどのくらい具現できているかの度合いを測る尺度の役目を果たす。しかし、物質的な人間の身体（それは単なる質料であって本質的な人間ではないが、どういうわけか神に〝似ている〟）と非物質的な魂の霊的な実体（それは意志のない身体ではなく自発的に行動する魂）の間のキリスト教的区別によって、人為による物質的類似性の概念は本質的に否定的なものとされるである。それゆえキリスト教のダイダロス〔ギリシア神話の職工の神格〕というものは存在せず、精巧に造ることは神業にはあたらない。キリスト教は、神的な真の生産様式——つまり創造——から人間による一切の技能を区別するために、そうした見事な技巧という考えを単なる製造という考えに置き換える。創造行為の〝無動機性〟は自由な言語的発話というロゴス中心的モデルで構想されるのに対し、被造物と物理的な製造は類似という反対原則に委ねられるのである。『創世記』第一章二六－二七節で、神はこう言っている。「〝我々にかたどり、我々に似せて、人を造ろう〟……〔*Faciamus hominem ad imaginem et similitudinem nostram*〕。そうして神は御自分にかたどって人を創造された〔*Et creavit Deus hominem ad imaginem suam*〕」。ここで、類似しているのは神に対してアダムが有している関係である。（「神は言われた〔*dixit*〕。〝光あれ〟〔*fiat*〕。こうして光があった〔*facta est*〕」という『創世記』第一章、三節のように）神の言命によるアダムの創造は、発生行為でも製造行為でもない。一方、人間は手を使った *facticii dei* 製造だけ可能なのだが、これらは禁じられている。偶像崇拝を防止するために、燃える茂みから神は何の形象（*simiitudinem*）ももたずにモーセに現れる。「堕落して、自分のために彫像〔*sculptam*〕も形象〔*simiitudinem*〕も造ってはならない。男や女のいかなる形も〔*imaginem masculi vel feminae*〕」（申命記第四章、十五－十六節）。この後者の引用句は、人間の像《イメージ》が神と似ているという特別な関係を持っていることを改めて示している。人類は手で（*facticii*）像《イメージ》を偶像として造ることができるが、アダムの身体が（魂と結合して）神に似ることが真の関係であるという形で、神とのどんな真の関係も偶像に与えることはできない。人類は造ることはできるが、創造することはできず、身体に魂を与えることはできない。それゆえ、『イザヤ書』（三七章、十九節）では「それらは神々［*deos*］ではなく、木や石であって、人間が手で造ったものにすぎない［*opera manuum hominum*］」と書かれている。霊的な実体を具現する物的対象を作ることのできる人間の能力の唯一の事例は聖体である（そしてこの能力の背後にある力がキリストの神的な力である）。これは手製でも創造でもなく、〝実体変化〟である。つまり、当該対象のもともとの物的実体は――少なくともカトリックの教義によれば――残っていない。もちろん、ルターの考え方は、まさしく実体変化の概念と対立する「共在」の概念であった。一五二〇年代に、ツヴィングリとスイスの神学者たちは聖体の力を完全に否定する一段とラディカルな見解（しばしば「実体不在」説と呼ばれる）を採った。とりなしとしての聖人や聖体の力を拒否することは、人間と神をとりなす正統な地上の代理人としての教会権威に挑戦することであった。これこそ、ツヴィングリとカルヴィンが唱導したプロテスタントの宗教改革による偶像破壊的次元の神学的意味であった。

＊10　ラテン語聖書からの引用はすべて次のウルガータ版による。*Biblia Sacra Vulgatae Editionis*, ed., Valentius Loch, Ratisbonae, Manz, 1895.

＊11　Augustini, Aureli, *Locutionum in Heptateuchum libri septem*, in *Corpus scriptorum ecclesiasticorum latinorum*, vol. 28, part I, ed. Iosephus Zycha, Lipsiae: Freytag, 1894, p. 566（私訳）.

＊12　Tertullianus, *ibid.*, p. 34.

＊13　Augustini, Aureli, « Contra Faustum » in *Corpus Scriptorum ecclesiasticorum latinorum*, ed. Iosephus Zycha, vol. 25, parts I-II, Lipsiae, Freytag, 1894, p. 751. このテーマの議論は、最初に全聖職者の独身を要求した三〇五年のエルヴィラ教会会議以降、特別な意味を持つことになる。

＊14　Augustini, *ibid.*, p. 751.

＊15　Augustini, S. Aureli, « Contra Fortunatum Manichaeum » in *Patrologia Cursus Completus*, ed. J.-P. Migne, Paris, Garnier, 1886, vol. 42, p. 117.〔岡野昌雄訳『アウグスティヌス著作集（七）マニ教駁論集』教文館、一九七九年、七〇頁〕このミーニュ版では *factitiam* の使用が日常的ではなかったことがわかる。むしろその代り *facturam* が註で示唆されている。

＊16　Augustini, *ibid.*, p. 117.

＊17　新プラトン主義では、魂が神格と結びつくのは、本質的に一者からの流出としてその身分を悟るまで、その神格が創造神と実質的に似ているという考えから行われる。これに対して、キリスト教の救済は、平等に惜しみなく与えられた恩恵——それは創造神によって人間の魂に授けられる——とともに信仰の事実を構成する魂の自由意志によるラディカルな行いを通して人間の魂と創造神が結びつく。プラトンの思想では、類似性は物質的実体とその永遠のイデア的形相の関係を表している。キリスト教の思想では、似像と類似の論理は被造物の物質的な半分にだけある真理を説明しているに過ぎない（人体は永遠の霊的実体をその魂として持つことから神の実在と一つになるがゆえに、創造神の似像である人間の身体だけは例外である）。キリス

ト教神学において、類似性は、地上のものと神的なものの真の関係を表すものでも、被造物の霊的半分という理屈を説明するものでもないのである（この理屈は同一性と自発的関係の論理によって説明される。キリストの〝まねび〟という考えさえ、模倣的反映というよりも合一を演じる（enacted identification）という考えに基づいている）。

＊18　次の辞典のP・セジュルネによる「迷信」項目からの引用。彼はそこで迷信をめぐるキリスト教思想の卓抜な議論をしている。*Dictionnaire de Théologie Catholique*, eds. A. Vacant and E. Mangenot, vol. 14, Paris, Letorzey, 1941, p. 2765.

＊19　*De Doctrina Christiana*, in *Patrologia Cursus Completus*, ed. J.-P. Migne, vol. 34, Paris: 1861, p. 50.

＊20　最近のカトリック教会の教義は、アウグスティヌスが「自発的な」性的不能者から「物理的に不能にさせられた」人を区別したのと同じ区別をしている。「積極的にその分け前に与ることは、聖餐の品が単に所持したり、着用したり、口に出しただけで魔術のように働くある種のフェティッシュではないことを示している。それが設けられた際の目的を達成するには信仰に基づく自発的な努力が必要である」（Hardon, John A., S. J., *The Catholic Catechism*, Garden City, New York, Doubleday, 1975, p. 553.）。

＊21　『キリスト教の教え』（第二巻、二〇章）の文章にはこうある。「腸卜とか鳥卜［*aruspicum etaugurum libri*］の書も偶像崇拝に属するが、この場合はもっとでたらめである。医学が非難する護符とか神癒［*ligaturae et remedia*］もこの中に入る。呪文［*praecantationibus*］とか、〝判じ物〟と呼ばれる一種の刺青も同様に迷信である。あるいは何かを吊るしたり、結わえたり、ある仕方で踊ったりすることもあるが、こういう動作は身体

を調整するためでなく、密かにあるいは公然と何かを示すために行うのである。このようなものが〝自然学〟というかなり控えめな名前で呼ばれているが、それは迷信ではなく自然の力を用いているように見せかけるためである。耳のさきにつける耳飾りとか、指にはめる駝鳥の指輪とか、しゃっくりをするときは左手の親指を右手で押さえるとよい、と言われたりすることなどが、迷信的行為に入る。

これらに加えて無数の愚にもつかない迷信［*inanissimarum observationum*］がある。肢体が痙攣するときとか、友人と肩を並べて歩いているときに、二人の間に石ころとか犬とか子供が入った時がそれである。……自分の家の前で人と出会ったら戻って敷居を踏むとか、誰かが靴を履いている最中にくしゃみをしたら寝台に引き返すとか、出がけに躓いたら家に戻るとか、着物を鼠にかじられたら目の前の損害を嘆くよりも、将来の災いの前触れにおののかなくてはならないといったことも迷信に入る」〔加藤武訳『アウグスティヌス著作集（六）キリスト教の教え』教文館、一九八八年、一一一―一一二頁〕。

＊22　この点と中世の魔女法一般については、次を参照のこと。Hansen, Joseph, *Quellen und Untersuchungen zur Geschichte des Hexenwahns und der Hexenfolgung im Mittelalter*, Bonn, Georgi, 1901; and Lea, H. C, *Materials toward a History of Witchcraft*, 3 vols., New York, Yoseloff, 1957.

＊23　〝異教徒〟（〝Pagan〟）という言葉は、そのキリスト教的な意味をテルトゥリアヌスに負っている〔異端とは〕別の術語である。彼は（タキトゥスのいう）「農民、市民、民間人」の意味でその術語を採用したが、それによってキリスト教教会の闘士のメンバー（〝兵士〟）ではない人をすべて意味させた。〝異端〟（〝heretic〟）という言葉のほうは、洗礼を受けながらも公式の教会教義の何らかの側面を否定したキリスト教徒にのみ適

用された。初期のキリスト教法学は妖術（*maleficium*）と異端を理論上は区別していたが、実際には両者を関連付ける習慣が敷かれていた。異端の罪を告発する審問を最初に確立したのはテオドシウスである。異端審問にかけられた最初の事例は、プリスキリアヌス主義者のそれである。エジプトのグノーシス主義に影響を受けたこの禁欲的キリスト教派は、四世紀、五世紀、六世紀にスペインと南フランスで多数の信者を獲得した。魔術を行っているという告発は、この運動をせん滅する過程で繰り出された多くの告発のうちの一つであった。異端という教義上の逸脱は、必ずしも迷信的涜神（*maleficia*）の行為を伴うわけではなかったが、その一方でそうした行為を必ずしも排除したわけでもなかったからである。

＊24 *Codices Gregorianus Hermogenianius Theodosianus*, ed. Gustavus Haenel, Bonn, Adolphum Marcum, 1842, p. 866.

＊25 公式のローマの卜占官団体のメンバー。彼らはさまざまな星辰神殿（templi）と鶏の穀物の食べ方の兆候から鳥の飛翔を解釈する。鳥卜官は、実際に未来を予知するのではなく、何かの提案された行動に関して神々の承認・不承認を決定した。

＊26 エトルリアからきた鳥卜官のライバル。彼らは動物の内臓から、あるいは奇形や嵐のような非日常的な出来事から兆候を読み取った。

＊27 これは異教の神官たちを表す一般的な言葉である。

＊28 どちらも霊感を受けた口頭の予言を伴う慣習のこと。

＊29 「占星術師」の携えている宇宙の運動に関する知識は「数の学問」に基づいていると考えられた。

＊30 『出エジプト記』(七−十一と八−十八〜十九)のファラオの魔術師は、*maleficos* とも呼ばれている。しかし、ある一文で占術と〝妖術〟の区別が必要になった時、ヒエロニムスは占術にはなじみのラテン語を、〝妖術〟には *maleficia* をそれぞれ充てている。たとえば、〔ウルガータ版ラテン語聖書の〕『申命記』(一八−一〇)はこう書かれている。「*Nec inveniatur in te, qui lustret filium suum, aut filiam, ducens per ignem, aut qui ariolos sciscitetur et observat somnia atque auguria, nec sit maleficus / nec incantator, nee qui pythones consulat, nec divinos, aut quaerat a mortuis veritatem…*」〔参考：『新共同訳聖書』の同箇所「あなたの間に、自分の息子、娘に火の中を通らせる者、占い師、卜者、易者、妖術師、呪文を唱える者、口寄せ、霊媒、死者に伺いを立てる者などがいてはならない」〕。この箇所はジェイムズの欽定訳ではこうなっている。「There shall not be found among you anyone who makes his son or his daughter to pass through the fire, or that uses divination [*ariolos*], or an observer of clouds〔しかし、ウルガータ版では *observat somnia*〕, or a fortune-teller [*auguria*] or a witch [*maleficus*] / or a charmer [*incantator*], or one who asks after familiar spirits [*pythones*], or a wizard [*divinos*], or one who calls to the dead〔これは後世の魔女談義では通常〝口寄せ〟と呼ばれるもの〕…」。同様に、マナセ王の「忌まわしきこと」を伝える『歴代誌(下)』(三三−六)では、彼が子供たちを火の中をくぐらせたことを述べている。「Also he observed times〔『欽定訳』ではこうだが、ヒエロニムスは“*observabat somnia*”としている〕, and used enchantments [*auguria*], and used witchcraft [*maleficis artibus*], and dealt with a familiar spirit [*habebat secum magos*], and with wizards [*incantatores*]…」〔参考：『新共同訳聖書』の同箇所「占いやまじないを行い、魔術や口寄せ、霊媒を用いるなど、主の目に悪とされることを数々行って主の怒りを招いた」〕。

＊31　*Liber Iudicum, aut Codex Wisigothorum*, Bk. II, tit. IV, sec. 1, in *Los Codigos Españoles concordados y anotados*, Madrid, 1848, vol. I, p. 12.

＊32　*Fuero Juzgo*, Bk. II, tit. IV, in *Los Codigos Españoles*, p. 117.

＊33　結紮紐（Ligatures）とは護符のこと。「飾緒」として知られる性的な結紮紐の議論については、次の論文を参照。Emmanuel Le Roy Ladurie, «The Aiguilette: Castration by Magic», in *The Mind and Method of the Historian*, tr. Siân Reynolds and Ben Reynolds, Chicago, University of Chicago Press, 1978, pp. 84-96. ポルトガルの伝統的な護符の議論については次を参照のこと。Pires, A. Thomas, *Amuletos Alemtejanos*, in *his Estudios e Notas Elvenses*, vol. V, Elvas, Torres de Carvalho, 1904. 本書では、私は人称複数形には男性形の *venefici* を使うが、単数形には女性形の *venafica* を使う。というのも、私が研究している法律文書は、一般的に *veneficium* の実践者について語る際には男性形の *venefico* を使用する傾向があり、特定の個人が想定されている場合は女性形が使われる傾向があるためである（つまり、*venefica* の伝統的なステレオタイプとは老婆であった）。

＊34　*Forum Turolij*, ed. Francisco Aznar Navarro, vol. 2, Madrid, 1905, p. 209.

＊35　Du Cagne, Charles du Fresne, *Glossarium mediæ et infimæ latinitatis*, vol. III, Paris, Librairie des sciences et des arts, 1938, p. 393.

＊36　Du Cagne, *ibid.*, p. 393.

＊37　*Codigo de las Siete Partidas*, in *Los Codigos Fspañoles*, p. 427 (Part. VII, tit. xxiii).

＊38　次の文献からの訳文。Marques, A. H. de Oliveira, *Daily Life in Portugal in the Late Middle Ages*, tr. S. S. Wyatt, Madison, Milwaukee, and London, University of Wisconsin Press, 1971, p. 227. ポルトガル語の文章は次に引用されている。Herculano de Carvalho e Aravjo, Alexandre, « Crencas Populares Portuguesas », in *Opusculos*, vol. IX, third edition, Lisbon, Bastos, 1908, p. 158.

＊39　Marques, *ibid.*, p. 227.

＊40　Marques, *ibid.*, p. 30.

＊41　Lea, Henry Charles, *A History of the Inquisition of Spain*, vol. I, London: Macmillan, 1906, p. 17.

＊42　フーコーによる試みは次を参照のこと。«The Prose of the World», in *The Order of Things: An Archaeology of the Human Sciences*, New York: Random House, 1970, pp. 17-45.

＊43　Lea, *ibid.*, vol. III, p. 188.

＊44　次の文献からの引用。Trimingham, John Spencer, *A History of Islam in West Africa*, London, Oxford University Press, 1970, pp. 1-2.

＊45　*Book of Knowledge*, tr. Clements Markham, London, Hakluyt Society, 1912, pp. 33, 35.（著者は、カスティリア出身のフランシスコ会托鉢修道士である）。

＊46　サハラ以南のサバンナのイスラム帝国と北部ギニア海岸沿いの民族との関係については次を参照のこと。Levtizion, Nehemiah, *Ancient Ghana and Mali*, New York: Africana, 1980. また次も参照。Rodney, Walter, *A History of the Upper Guinea Coast, 1545 to 1800*, New York, Monthly Review Press, 1980.

＊47　Blake, p. 79の翻訳から。ポルトガル語は次を参照のこと。Ruy de Pina, *Chronica d'El Rei Dom João II*, in Brasio, Padre Antonio, ed., *Monumenta Missionaria Africana: Africa Occidental*, vol. I (1471-1531), Lisbon, Agencia Geral do Ultramar, 1952, p. 52.

＊48　Pacheco Pereira, Duarte, *Esmeraldo de situ orbis*, tr. George H. T. Kimble, London, Hakluyt Society, 1937, p. 97. ポルトガル語は次を参照のこと。Pacheco Pereira, Duarte, *Esmeraldo de situ orbis*, critical edition with notes by Augusto Epiphanio da Silva Dias, Lisbon, Sociedad de Geographia de Lisboa, 1905, p. 95.

＊49　Antonio Velho Tinoco, « An Account of the People who Live between Cabo Dos Mastos and Magrabomba on the Guinea Coast », in Donelha, Andre, *Descricão da Serra Leoa e dos Rios de Guiné do Cabo Verde*, ed. and tr. P. E. H. Hair, Lisbon, Junta de Investigaões Cientificas do Ultramar, 1977, p. 345.

＊50　Pigafetta, Philippo, « A report on the Kingdome of Congo, a Region of Affrica (1588) » translated in Purchas, Samuel, ed., *Hakluytus Posthumus or Purchas His Pilgrimes*, vol. VI, Glasgow, James MacLehose and Sons, 1906, originally published London, 1625, p. 481.〔フィリッポ・ピガフェッタ『コンゴ王国記』河島英昭訳、『ヨーロッパと大西洋』岩波書店、一九八四年、四六七頁〕。ピガフェッタは、あるポルトガル人船乗りの過去の経験をもとにイタリア語でこの報告を書いている。それゆえオリジナルな口語ポルトガル語の〝テクスト〟の正確な言葉遣いまで再現できていない。このエピソードについてポルトガル語の文書から、『コンゴ王国史』(tr. François Bontinck, Louvain and Paris, Nuauwelarets, 1972)としてフランス語に翻訳された、一六二四年の版ではこう言われている。「国王は、すべてのフェティッシュの破棄とそれに奉献された家屋の破壊を

命じた……」。ところがその後、「彼自身が今度は異教の習慣と迷信的なフェティシストの祭祀に献身した」（一〇六、一一三頁）。コンゴ民族の強力な神的対象のなかでも有名なのは、ヨーロッパ人にとって伝統的な〝偶像〟イメージに合致した、人間の姿をもつ彫像である（ただし、儀式で混ぜ合わされた材料が置かれる凹んだ腹部はヨーロッパの偶像観に合致しなかった）。〝コンゴの偶像〟のイメージは、メルヴィルが南海の島民クイークェグの膝を曲げた礼拝像を〝コンゴの偶像〟として描くほど（『白鯨』一八五一年）、大衆文学や説話ではありふれたものとなった。いずれにしても、ポルトガル語の*feitiço*から“Fetisso”という複合的な観念を発達させた中心的な場は、アカン語とエウェ語を話す住民が支配的だった黄金海岸と奴隷海岸であった。

＊51 Pigafetta, *ibid.*, p. 492.

＊52 Donelha, *ibid.*, p. 149.

＊53 Donelha, *ibid.*, p. 239.

＊54 マレースは次のように書いている。「オランダの災難と戦争のせいで、私たちはここでもまた航路を探し出し、その航海を引き受けねばならなくなった。それが意味するのは、そこからのポルトガルの排除であり、われわれは最終的にそれを行った……」。Marees, Pieter de, « A description and historicall declaration of the golden Kingdome of Guinea…», in Purchas, Samuel, *Hakluytus Posthumus, or Purchas His Pilgrimes*, vol. VI, Glasgow, MacLehose, 1905, pp. 280-81. オランダ語のものは次を参照のこと。*Beschryvinghe ende Historische Verhael van het Gout Koninckrijck van Gunea*, *'s-Gravenhage*, Nijhoff, 1912. 一六〇二年にオランダで出版された直後、その年のうちにフランス語版が出された。オランダ語版はド・ブリィのコレクションの一つに加えら

れている。パーチャスの英語版は一六二五年になってようやく現れた。北ヨーロッパの諸言語に〝フェティソ〟という言葉を導入したのは、まさにマレースの文献だったのである。

＊55 Marees, *ibid.*, p. 217 [Dutch, p. 39]

＊56 Bosman, Willem, *A New and Accurate Description of the Coast of Guinea*, London, Cass, 1967, p. 154

＊57 Astley, Thomas, *A New General Collection of Voyages and Travels*, vol. III, London, Astley, 1746, p. 25. ロワイエについては次を参照のこと。P. Godefroy Loyer, *Relation du voyage du royaume d'Issyny*, Paris, 1714.

＊58 Riemersma, Jelle C, *Religious Factors in Early Dutch Capitalism, 1550-1650*, The Hague, Mouton, 1967, pp. 55-57.

＊59 次の文献からの引用。Riemersma, *ibid.*, p. 27.

＊60 Cadamosto, Alvise da, *The Voyages of Cadamosto*, tr. G. R. Crone, London, Hakluyt Society, 1937, p. 76. イタリア語版は次を参照のこと。Ca da Mosto, Alvise da, « Delle Navigazioni di Messer Alvise Da Ca Da Mosto, Gentiluomo Veneziano », in Ramusio, Di Giovambattista, *Viaggio e Navigazioni*, vol. I, Venice, 1837, p. 198.

＊61 Cadamosto, *ibid.*, p. 68.

＊62 Barlow, Roger, *A Brief Summe of Geographie*, ed. E. G. P. Taylor, London, Hakluyt Society, 1929.

＊63 Marees, *ibid.*, p. 293 [Dutch, p. 72]

＊64 Smith, William, *A New Voyage to Guinea*, London, Nourse, 1744, p. 26.

＊65 Cadamosto, *ibid.*, p. 51; Ramusio, *ibid.*, p. 190.

＊66 ウィリアム・スミスが語っているもう一つのこうした逸話は、彼が調査に従事していた時の村人の遁走に関するものである。「愚かな土着民たちは［彼の会社の奴隷らが彼に知らせたところによれば］、私の測量器を見て全員おびえた。というのも彼らを魔法にかけるつもりで私がここに来たと信じたのである！」（十五頁）。十九世紀の報告書はこうした逸話で溢れている。

＊67 Atkins, John, *A Voyage to Guinea, Brazil, and the West-Indies*, London, 1737, p. 84.

＊68 Lok, John, « The Second Voyage to Guinea set out by Sir, George Barne, Sir John Yorke, Thomas Lok, Anthonie Hickman and Edward Catlein, in the yeare 1554 », in *The Principal Navigations, Voyages, Traffiques and Discoveries of the English Navie*, ed. Richard Hakluyt, vol. VI, Glasgow, MacLehose, 1904, p. 154.

＊69 例外は、十四世紀初頭のアラビア人作家アル・ディマシュキーである。彼は明らかにアリストテレスの影響を受けていた。「彼ら［アフリカ黒人］の脳は湿気が少ないためにその知性はおぼつかなく、彼らの思考は集中力を欠いている。彼らの精神は愚鈍なために信頼と裏切り、誠意と欺瞞といった対立は彼らのうちには見つからない。彼らのあいだには神に啓示された律法［ギリシア語 *nomos* 由来の *nawamis*］も、いかなる預言者も送られていない。そのため、合法性の概念は、正確に言えば命令と禁止、望みと慎みであるのに、彼らは対立するものを一対にできない」。tr. by J. F. P. Hopkins in *Corpus of early Arabic sources for West African History*, eds. N. Levtzion and J. F. P. Hopkins, Cambridge University Press, 1981, p. 148.

＊70 Loyer, P., p. 213. 彼はこの文章の少し後でこう書いている。「各人は自ら自分のフェティッシュを造り、

任意にそれを選ぶ」（二一七頁）。

*71 〝デュケイン氏〟によるとされる英語版は次を参照のこと。*A New Voyage to the East Indies in the years 1690 and 1691*, London, 1696, p. 78. フェティッシュの観念に一役買っている多くの概念や形象と同様に、朝一番に最初に見たものを崇拝する未開人《プリミティヴ》という考えは、ポルトガルの探検航海よりもかなり前から、異国の土地の説明としてありふれたものであった。

*72 Barbot, John, « A description of the coasts of north and south Guinea », in *A Collection of Voyages and Travels*, ed. Awnsham Churchill, vol. V, London, 1752, p. 310.

*73 Bosman, *ibid.*, p. 367a.

*74 Marees, *ibid.*, p. 316.

*75 Marees, *ibid.*, p. 257 [Dutch, p. 20]

*76 その一例がウィリアム・トワンソンの一五五五年の航海記録にある。「だいたい九時ごろに、彼らはボートに乗ってわれわれのところに、いくつかの歯［つまり象牙］を携えてやってくる……。そして、私は海水に危害を加えるようなことはいたしません、と海上で私に宣誓させてから、彼らはわれわれの船に乗り込んでくる……」。« The first voyage made by Master William Towerson Marchant of London, to the coast of Guinea, with two ships, in the yeare 1555 », in Hakluyt, Richard, *The Principal Navigations, Voyages, Traffiques and Discoveries of the English Navie*, vol. VI, Glasgow, MacLehose, 1904, p. 191.

*77 Marees, *ibid.*, p. 319.

＊78　次の文献からの引用。Wolfson, Freda, *Pageant of Ghana*, London, Oxford University Press, 1958, p. 76.

＊79　Snelgrave, William, *A New Account of Guinea, and the Slave Trade*, London: 1754, p. 22.

＊80　例えば、次を参照のこと。Bosman, *ibid.*, p. 134.

＊81　Marees, *ibid.*, p. 260 [Dutch, p. 24]

第三章

＊1　以下の論述は、その長さのせいで二部に分けられる。前半部がこの章である。後半部は一九八九年春号の『Res』十七号に掲載予定である〔ピーツはこう書いているが、後半部は結局掲載されなかった〕。『Res』の編集者であるフランシスコ・ペリジには、次の二つの理由から深い謝意を表したい。まず本稿の修正に関して幅広い示唆を与えてくれたこと、そしてもともとの論文構成に対する私のこだわりに彼が理解を示してくれたことである。舌足らずな言い回しや不必要な曖昧さがこの章にみられるとすれば、それはすべて私の責任である。

＊2　フエダは、"Whydah"、"Whidah"、"Whidaw"、"Ouidah"、"Juida"、"Juda"、さらにはボスマンの場合は"fida"という具合にさまざまに綴られる。ここは、ダホメ王国から奴隷を運ぶ主要な港であった。ボスマンの時代、エウェ族が支配する独立国であったが、ボスマンが帰ってから間もなくして、ダホメ王国に征服された（第三章＊79も参照のこと）。

＊3　われわれは、〝ギニア〟という言葉をそれ自体で、啓蒙思想に特有の新しい言説と理論から構成された新しい問題の象徴だと見なしたい。〝ギニア〟とは、ブラック・アフリカを指し示すために用いられた言葉であった。つまり、非ヨーロッパ的で非一神教的な土地であり、古きヨーロッパないし古典古代の歴史と文化的コードに覆われた土地であった。しかし、〝ギニア〟は、一七二六年以降、ヨーロッパに空前の通貨安定をもたらす一助となった金貨――これは機械で製造された最初の硬貨だったため、淵を削り取って価値の下落を招く恐れのない最初の硬貨であった――を表す言葉でもあった（一七二六年という日付については、次の文献の一節を参照のこと。Vilar, Pierre, « The 18th Century Conjuncture », in *A History Gold and Money, 1450-1920*, Judith While, Atlantic Highlands, Humanities Press, 1976, pp. 253-262. このギニアの歴史については、次を参照のこと。Porteus, John, *Coins in History*, New York, Putnam, 1969, pp. 212-214, 219, 233)。もちろん、この言葉の二つの意味のつながりは恣意的ではない。最初の硬貨は、一六六八年にイギリス王立アフリカ会社が西アフリカから輸入した金を使ってこの会社によって鋳造された。遠い未知の土地と、奇怪にも貨幣経済化された新ヨーロッパというこの心理学＝地理学的な両極のあいだで、商品価値をもった自然物はすべて、まるで新しいエキゾティックな光のもとに、そしてほとんど新しい意識領域のなかでその姿を現すことになった。なぜなら、〝ギニア〟とは、遥かかなたの土地からもたらされた商品としていまやヨーロッパに姿を現した新しい事物や新種を名づけるために、馴染みの名詞に添えられる一つの形容詞でもあったからである。たとえば、「ギニアの黄金」だけでなく、「ギニアの雄鶏」、「ギニアの雌鶏」、「ギニアのトウモロコシ」、「ギニアの胡椒」、「ギニアの木材」等々がそうである。実際、〝ギニア〟という形容詞は、ブラック・アフリカだけ

でなく、遥かかなたの土地であればすべて表すようになった。例えば、「ギニアの豚」は南米産であった。もちろん、〝ニュー・ギニア〟は一五四五年にすでに南太平洋で発見されていた。結局、この〝ギニア〟という言葉には、その時代の忌まわしいもののなかにあって最も有益なもの——例えばアフリカの奴隷貿易——が含意されていたのである。「ギニアの船」は奴隷船を、「ギニアの商人」は奴隷業者をそれぞれ含意していた。

＊4　*Res*, 17, spring 1989.〔しかし結局この論文は掲載されなかった——訳者〕

＊5　これは、大部分、ヨーロッパ人が沿岸に最初に着いた年に約半数ほどが黄熱病とマラリアによって大量死したことによる。この致死率は、十九世紀半ばにキニーネ剤〔マラリア特効薬〕が発見されるまで続いた。

＊6　字義通りには〝黄金ミーナの聖ジョルジュ〟の意味で、聖ジョルジュはポルトガルの守護聖人。リスボンの商人フェルマオ・ゴメス（彼は一種の国王の僕であった）の業者たちがアカン諸族間の重要な金取引現場を発見したのちに、このヨーロッパ人の最重要拠点が一四八二年にポルトガル王権によって創設され、のちにエルミナとして知られることになる。

＊7　Curtin, Philip, Steven Feierman, Leonard Thompson, and Jan Vansina, *African History*, London, Longman, 1978, p.224.

＊8　ほぼ例外なく、ヨーロッパ人たちはアフリカの言語の学習に失敗した。初期の海上交易は、沈黙交易か、あるいはあからさまな略奪によって行われた。一四四〇年代の初頭から、ポルトガルが獲得した奴隷の何人かはリスボンに送られ、通訳として訓練を受けた。

＊9　Le Blanc, Vincent, *Les voyages fameux du Sieur Vincent Le Blanc, Marsellais*, Paris, Glovsier, 1648, p. 33.

＊10 Villault, Nicolas, *Relation des costes d'Afrique, appellées Guinée*, Paris, Thierry, 1669, pp. 55-56. 四つの〝信仰〟に応じて区分された世界の諸宗教の中世的カテゴリーは、十八世紀を通じてなおも航海記やその全集のなかにまだ確認することができる。ただし、この理論的枠組みは、私が以下で議論するように、アフリカの宗教や社会におけるフェティッシュやその中心的位置づけに関する実践的な言説では、すでに目に見えない形で掘り崩されていたといえる。

＊11 Smith, William, *A New Voyage to Guinea*, London, Nourse, 1744, pp. 26-27.

＊12 価値の非超越論的な起源とその身分という一般的問題は、フェティッシュ崇拝に関する重要な諸文献（ロワイエの報告が一七〇二年、ボスマンのそれが一七〇三年）が現れた時代（十七世紀末から十八世紀初頭）に、ヨーロッパの理論のなかで最初に提起された。同時期に、ペティや重商主義経済学者たちは、本来は備わっていない経済的価値という理論的問題をはじめて提起している。例えば、シャフツベリーは、美的価値の特殊性と独自性を提起しているし、ベールやその他の〝批判者たち〟は、異なった諸宗教の価値を判断するために独自の基準として道徳的価値を掲げている。

ここでもそうだが、本書の全体を通して、私は自分が理解するところの弁証法的唯物論の立場からフェティシズム理論の歴史にアプローチしている。『否定弁証法』でアドルノが論じたように、このアプローチは、（抽象的思考の非歴史的なアルキメデスの点から歴史に適用できる理論的カテゴリーの安定的体系という意味での）いかなる立場も提供することはない。理論の歴史に対する弁証法的唯物論者のアプローチによれば、まず理論は矛盾の意識から始まると主張する。そしてこの意識は、具体的な歴史的状況のなかで、そしてあらゆる具体的な歴史的文脈の本質を形成するプラグマティックな相互作用から生み出される言説とカテゴリーを介して、歴史上の行為者たちを思索（つまり細目から一般化への模索）へと導いていく。理論の発展は、歴史的相互作用の類型に固有な言説の本質的な言葉を形式的体系という矛盾なき概念へと変換することで、こうした経験上の矛盾を説明し、解決する努力をおいてほかにないのである。

＊13　フェティッシュが〝ガラクタ〟や〝おもちゃ〟として頻繁に語られていた点については、『Res』十三号の四一頁で、私はすでに論じておいた。フェティッシュがまったくの無価値であることは、しばしばその卑猥さを描くことを通して表現された。黄金海岸の住人について語るヴィローは、次のように主張している。「彼らは、どんな信仰も凌ぐほどの迷信を、自分たちのフェティッシュに抱いているのだが、その大半のフェティッシュは無機物で、いつも大体あまりにも卑猥で小汚いために、触るのもはばかられるほどである。誰しもがそれを多少は所有し、身につけている。そのうちのあるものは糞まみれのツノの小片であったり、別のものは小人形、動物の頭であったり、さらにはその他数百に及ぶ汚物であったりする。神官たちは、フェティッシュの木の下でそれを見つけたと言って、彼らにそれを売りさばくのである」（Villault, *ibid*., p. 261）。この一文で、フェティッシュの真の身分が無価値な〝無機物〟となっていることに注意しよう。また強欲で偽善的なフェティッシュ神官というあちこちに見られるイメージも同様である。無価値のものを偽って値踏みする大半の責任は神官たちにあるとされた（もちろん、別の原因としては、迷信的なメンタリティ自体にあるとされた）。

＊14　Villault, *ibid*., pp. 82-83

＊15　Atkins, John, *A Voyage to Guines, Brasil, and the West Indies, in His Majesty's Ships the Swallow and Weymouth*, London, 1737, p. 79. 次も参照のこと。Villault, *ibid*., pp. 224-225.

＊16　Marees, Pieter de, « A description and historical declaration of the Golden Kingdome of Guinea », in Purchas, Samuel, *Hakluytus Posthumus or Purchas His Pilgrimes*, vol. VI. Glasgow, Maclehose, 1905, p. 336. (A 1625 English translation from the Dutch original of 1602.)

＊17　Bosman, Willem, *A New and Accurate Description of the Coast of Guinea*, London, Cass, 1967, p. 119.

＊18　Astley, Thomas, *A New General Collection of Voyages and Travels*, London, vol.II, 1743-47, p. 411

＊19　Atkins, *ibid*., pp. 183-184. アトキンスはこう説明している。黄金は「フェティッシュからでも、金粉からでも、鉱石からでも入手できる……。ニグロたちはフェティッシュの金をいろんな形に鋳造し、耳や腕、足、とりわけ頭に大変器用にその縮れ髪に絡ませて装飾として身につける。それは、その形態や使用・応用に関する（われわれにはよく理解できない）何らかの迷信から、普通はいくつかの基体金属と混ぜ合わされているので、試金石を使ったり、依頼したバイヤーの腕前から判断することがしばしば求められるのである」。

＊20　Bosman, *ibid*., p. 82

＊21　Bosman, *ibid*., p. 154

＊22　Bosman, *ibid*., p. 77

＊23　Bosman, *ibid*., p. 78

＊24　Atkins, *ibid*., p. 88

＊25　Atkins, *ibid.*, p. 61

＊26　Loyer, Père Godefroy, *Relation du voyage du Royaume d' Issyny*, Paris, 1714, p. 171. ロワイエの言うところによれば、彼らはいつも自分の鏡の前にいるが、「それはすべて、特に彼らが進んで身を任せる白人たちに喜びを与え、愛情を抱かせるためである……」(*ibid.*, p. 175)。同様に、ボスマンもこう書いている。「私はあなたに断言できるが、女性ニグロは非常にファションに長けているので、多くのヨーロッパ人を誘惑するにはどういう盛装をすればよいのかを心得ている。とはいえ彼女たちが最も力を発揮する相手は、白人も黒人も見境のない連中である。前者の色〔白人女性〕が見当たらない時は特にそうである……」(Bosman, *ibid.*, p. 121)。

＊27　この一文はフランス語の文章とともに本書第二章第四節にすでに引用した。

＊28　Barbot, J., *A Description of the Coasts of North and South Guinea*, London, 1732, p. 310

＊29　Astley, *ibid.*, III, p. 27

＊30　このありふれた解釈学的説明の一例は、第一章の注で引用されたヘーゲルの文章を参照のこと。占術でフェティッシュがどのように使われるのかについてのよくある描写はひたすらこの見解を再確認しているだけである。というのも、それは知的な理解と合目的決断といった決意の根拠を、人間の思考の合理的論理というよりも自然現象の物的なメカニズムに特有の、道徳とは無関係の偶然のプロセスのなかに置くからである。このような神託フェティッシュは、バルボによるフェティソのイラストに描かれている〔図三-二、三〕。バルボは、次のようにそれを記述している。

「その黒人の偶像は、大きなボローニャ・ソーセージのような形をしていた。それは、管状ビーズやガラス玉、薬草、粘土、焼いた羽、獣脂、そして聖別された樹木の繊維からできている。それらはまとめて砕かれ、一緒に型に押し込められ、最後に滑稽かつ粗野で醜い人間の顔が施される。それは、小さなナッツの穀粒、鶏の骨と脚、そして切片からそれと分かるようなその他の鳥とともに、大量の小石と木片に周囲をかこまれた、塗装された神秘的なカラバッシュ〔熱帯の高木〕や瓢簞に据え付けられる。私が聞いたところによると、黒人が偶像にどんな祈願をするときでも、あるいは伺いを立てるときでも、こうしたゴミはすべて偶像の意思を知るのに役立つという。というのも、瓢簞やカラバッシュを地面にひっくり返した時に、ゴミがどういう配置になったのかを見れば、それがわかるからだという」(Barbot, *ibid.*, p. 312)。

それゆえ、〝滑稽な偶像〟という言い方は、異質な諸要素を偶然的に結び付け、そして人格を擬人化するというフェティソ概念の二つの中心的な考え方を例証している。

＊31 Villault, *ibid.*, pp. 225 -226.

＊32 Astley, *ibid.*, III, p. 27.

＊33 Gueudeville, Nicholas, *Le Nouveau théâtre de monde, ou la géographie royale*, Leide, Pierre Vander Aa., 1713, p. 21

＊34 Atkins, *ibid.*, p. 94.

＊35 Atkins, *ibid.*, p. 94.

＊36 バルボは、これらの護符的フェティッシュを〝安ぴかもの〟として描いている。

「ヤシの木は、彼らが神々に捧げるために選ぶ最も奇妙なものである。彼らがアシアナム〔アスマニはアカン語のスマンの複数形である」と呼ぶその種のものが特にそうである。私が思うにその理由は、それが最も美しいというだけでなく、その他のものよりも数が多いからである。したがって、それがこの地方では大変多く奉献されているため、黒人たちが樹皮からわずかの繊維も剥がしもせずにそれを通り過ぎるのはまれである。彼らは、繊維を指の間でねじり、一端に結び目を作って、それを自分の腰、首飾り［ママ］、腕や足に結び付けて、それら安ぴかものをいろいろな災厄から守ってくれるものとみなすのである」（Barbot, *ibid.*, p. 25）。

＊37　Atkins, *ibid.*, pp. 100-101

＊38　しかし、フェティッシュの神官だけは因果律を理解しており、偽善者だと考えられた。

「彼ら［黒人たち］は、病気になると、最初は治療に頼る（この点では彼らとて全世界の残りの人々と同意見である）。しかし、生命を維持し、健康を回復させるほど十分に治療法を考えているわけではない彼らは、誤った迷信的宗教礼拝を、一段と効果があるものとしてその目的に適用する。そして、この風習を推し進めるのに一役買うのも、フェティシャー、つまり神官である。なぜなら、彼はそこでは医者として振る舞うからである。だが結局のところ、患者の健康を回復するには偽神を宥めるために奉献するしかないなどと、患者の親類に説得するのはかなり難しいことを誰が分からないだろうか……」（Bosman, *ibid.*, pp. 221-222）。

その一方で、アフリカの女性は、定石通り、非合理的な情熱に突き動かされる迷信の象徴であった。バウディッチによって再説されたフェティッシュの医学的価値に関する悲しいエピソードがある。

「先週のはじめにわがアシャンティのガイドだったカミナ・ブワが死去したために、くだらないがよくある迷信が広まった。それによると、彼がこの地を征服するために白人を連れてきたために、フェティッシュによって殺されたという。こうした印象を払拭するために、国王の静養のための風習として少量の金を寄進することを国王の名において私は求められた……。テドリ氏は、（わがガイド）カミナ・ブワをかなり良い状態にまで導いていた。しかし、カミナはあまりに熱心にヤシの実オイル・スープと血の煮込みのダイエットにのめり込んだために、彼はすぐに病気がぶり返した。彼の肝臓の病いは、彼がいろんなフェティッシュを飲み込んだことが原因でかなり悪化したのだ……。カミナ・ブワはいまわの際までフェティッシュに呪われ〔fetished〕、潰した卵やその他モルタルで彼の周囲にある壁と扉の柱を塗装していた老魔女の一団の怒号のなかで息絶えた。この悪女たちの忠告によって、私にはわからないほどの羊がフェティッシュのために犠牲になった」（Bowditch, Thomas Edward, *Mission from Cape Coast Castle to Ashantee*, London, Cass, Reprint of 1819 edition, 1966, pp. 103, 115-116）。

＊39　このテーマについては、第二章第四節でカダモストとスミスからすでに引用した文章を参照のこと。アストリは、ロバートに続き、「砂時計と直角器をたいそう称賛する」ある黒人グループについて触れている。「彼〔ロバート船長〕はその使い方を彼らに教えてあげた。すると彼らはこういった。白人はすべて *Fittazaers*（魔法使い）であるとわれわれは信じました、と」（Astley, *ibid.*, I, p. 617）。書き行為に関係する一例は次のリチャード・ランダーの指摘である。

「クラッパートン船長と私が踏破した地方の土着民は、警戒と嫉妬が入り混じった感覚でわれわれの筆記用具を眺めていた。われわれがそれを使うのを観察していた彼らは、われわれが彼らの生活と利益に損害を与えるフェティッシュ（魔除け）や妖術を行っていると思っていたのである［この後者に関して土着民たちの意見とされているものは、ヨーロッパの植民地主義者が考えていた以上に正確なものであった］」（Lander, Richard, *Record of Capitain Clapperton's last Expedition to Africa*, Vol. I, London, Cass, Reprint of 1830 edition, 1967, p. x-xi）。

＊40 Loyer, *ibid.*, p. 167

＊41 Loyer, *ibid.*, p. 168

＊42 Marees, *ibid.*, p. 293

＊43 Astley, *ibid.*, II, pp.301-302

＊44 Loyer, *ibid.*, p. 175

＊45 Loyer, *ibid.*, p.176. その他いくつかの個所と同様、ここでもロワイエは、別の場所ではヴィローを批判していたのに、彼にどこまでも追従している。ロワイエは次のように述べていた。フェティッシュ神官は新郎と新婦を呼び集め、「彼らにフェティッシュを与える。そして全員の前で、花嫁は未来の夫に対して、そのフェティッシュを介して永遠の友情と貞節を誓う。夫のほうは、彼女を愛することは誓うが、貞節を守る必要はないのである」。

＊46 第二章第四節で引用したマレースの文章を参照のこと。ロワイエはこう指摘している。「ニグロ女性たちは、フェティッシュを介して誓ったときは、自分たちの言葉にとても忠実である」（Loyer, *ibid.*, p. 216）。

＊47 Bosman, *ibid.*, p. 148

＊48　Smith, *ibid.*, p. 81. イギリスが覇権を握った時代の典型的な公式の外交交渉では、『ケープ・コースト城からアシャンティ族への宣教』のなかでトマス・エドワード・バウディッチが、黄金海岸のイギリス総督宛てのアシャンティ国王の手紙から引用している、以下のような常套句が伴うようになった。「国王は、総督が白い顔をもつ人間を自分に見せるために白人たちを派遣してくれたことを、わが神〔God〕とわがフェティッシュに感謝をささげた」(Bowditch, *ibid.*, p. 262)。その手紙の末尾も次の言葉で結ばれている。「改めて彼は神〔God〕と自分のフェティッシュに感謝をささげた」(*Ibid.*, p. 79)。イギリス総督宛ての手紙の中で、バウディッチは総督に次のように伝えている。「国王はあなたのところにいる言語学者ド・グラフに次のことを期待しておいでです。すなわち、彼がその他の五人の言語学者とともにフェティッシュを持つこと、そして条約に心から納得してもらうために、彼が条約への忠誠心からその効力を尊重してくれるというのがそれです」(*Ibid.*, p. 120)。二五七頁ではバウディッチは次のように報告している。「国王の言語学者は全員、互いに忠誠を誓い、信頼関係を約束するためにフェティッシュを持った」。また別の手紙では、次のように説明されている。「私に対してアシャンティの国王は、あなたがアフリカ海岸のイギリス砦の監督全員に通達を出して、ケープ・コーストに適当な人間を一人遣るように各町の族長たちに命じてもらい、さらにはあなたからも使者を一人そこに加えてもらえてくれはしまいかとお求めになられた。彼ら全員がクマシ〔現アシャンティ州都〕に来て国王隣席で国王のフェティッシュに与ることができれば、国王とイギリス国民の間で締結された条約を知らぬなどと弁解する者など誰もいないだろうとのことです」(*Ibid.*, p. 150)。

＊49　イギリスが沿岸地域の支配権を握っていた頃のイギリス人公使の書簡や報告書には、〝フェティッシュ〟

であったために禁止されていた交渉の地域や種類に関するもっと個別の報告が豊富にある。目立たないが典型的なエピソードは、リチャードとジョン・ランダーが報告しているものである。「国王は、踏み慣らされた最短距離の道を通ってわれわれがジェンナに行くことを許さなかった。その理由は、われわれのルートにはフェティッシュとして聖別された土地があるので、そこを歩いた途端に死ぬというものであった」(Lander, Richard and John, *Journal of an Expedition to Explore the Course and Termination of the Niger*, Vol. I, London, Murray, 1832, p. 43. 似たような弊害は一一四頁と一五五頁でも詳説されている)。一三二頁では、ランダーたちは、不合理なフェティッシュ信仰のせいで生じた問題のささいなトラブルを吐露している。「われわれの庭に一本の木が生えたので、木を支える何本かの棒をその周囲の地面に打ち込んだ。この木はフェティッシュであり、それらの棒もフェティッシュだった。そのため、われわれはどちらにも馬をつないではならぬという厳命を受けた。カラバッシュ、ありふれた土器品、羽毛、卵の殻、そして動物の骨といった、本当にあらゆるたぐいの無機物が、軽信的で愚鈍な土着民によってフェティッシュとなる……」。ヘンリー・メレディスは、黄金海岸の宗教を「野蛮な迷信の集積」と特徴づけ(Meredith, Henry, *An Account of the Gold Coast of Africa*, London, Cass, Reprint of 1612 edition, p. 33)、ランダーたちと同じような憤慨を呈している。「フェティッシュとは、かなり破格な言葉であって、非常にさまざまな仕方で適用される。それはしばしば禁止事項の一切を意味している。〝これはフェティッシュだ!〟といって、白い家禽を食べることを拒否する者もいれば、黒いそれを食べない者もいる。また、白人には足を踏み入れてほしくない場所というものもある。理由を尋ねると、彼らはフェティッシュだ! と答えるのである。若干の土地では、ワニやヒョウを殺すことはフェティッシュである。もしある人が説明のつかない仕方で中毒を起こしたり、体調を壊した時には、それもフェティッシュである。主張が真であることを証明するために、誓約代わりに彼らはフェティッシュをもつのである」(Meredith, *ibid.*, p. 35n)。

＊50 マレースは、フェティッシュの誓いの効力、すなわち基本的な道徳義務の〝常識的〟な承認が異邦人にまで及ばないと主張した多くのヨーロッパ人のまさに最初の人であった。「彼らがわれわれに向けて行う誓約や誓いには、一貫性がなく、虚偽に満ちている。しかし、彼ら自身のあいだで行うこうした約束は、彼らはよく守り、尊重し、決して破ることはない……」(Marees, *ibid.*, p. 319)。アストリは次のように説明している。「[フェティッシュを信仰する」彼らの愚かさには、良い効果が一つある。というのも、フェティッシュに対する恐れから彼らは、同じ信仰をもつ者同士に危害を加えるのを差し控えるからである。だが、それが異邦人や白人の場合にはほとんど、ないしまったく効果はない。彼らは自分の都合にとって最善の答えとして、異邦人や白人から強盗し、彼らを騙し、さらには殺人さえ行うのである」(Astley, *ibid.*, IV, p. 669)。これがアトキンスの最終節である(Atkins, *ibid.*, p. 87)。

＊51 ボスマンは、オランダの砦に近づいていた、交易商品を携えた他のグループに若干の黒人たちが攻撃を仕掛けるやり方に愚痴をこぼしている。その攻撃とは「彼ら[他のグループ]がわれわれの護衛のもとに財を携えて市場にやってきた時に仕掛ける、諸国民共通の信義に反するようなやり方である……。諸国民の法がここほどひどく侵害されているところがあっただろうか?」(Bosman, *ibid.*, p. 39)。

＊52「この過剰な死への恐怖が、宗教的な事柄に対する彼らの熱中をたきつけた」と、バルボは説明している

(Barbot, *ibid.*, p. 309)。

＊53 ジョゼフ・デュピーは、術語の商業的背景や機能を看過しているとはいえ、フェティッシュという言葉の実用的な起源を認識していた。

「フェティッシュという言葉は、アフリカのこの地方でヨーロッパ人とニグロたちによって広く一般的に使われていたが、その用法については説明を要する。既知のいかなる言語からも、対応する意味の言葉を選ぶことはおそらく不可能だからである。ただ、十分にいえることは、それが輸入されたものだということである。Fetischeとは、明らかにポルトガル語訛りを留めており、おそらくはポルトガルの最初の探検家がその国に持ち込んだのである。他方でアフリカ人たちは、いくつかのありふれた表現の日常的な使い方では説明しきれない、宗教や法律、迷信と結びついた物事や目で見て判断のつかない物事を、訪問者たちの理解に合わせるかたちでこの言葉を採用したのである。われわれが知っているように、当時のポルトガルやスペインの軍隊のなかで、宗教は主要な機能を果たしていた。どんな特権的な力も、人間本性がもつ能力も、手相、交霊、口寄せ、そして妖術といったようなフェティッシュの霊感だと思われている。ある特定の宗派やカースト（なぜなら他所と同様にアフリカでもおそらく多様だから）の宗教戒律は、今日でも、フェティッシュの名でヨーロッパ人に説明されている。身につけている護符的魔除けとコーランの数節は、ともに同じ名称を有している。そして一般的に、樹木、石、川、家を含め、聖別されるものは何でも、不可視の霊ないし事物への奉献が古かろうが新しかろうが、この語義のなかにすべて包摂されている。したがって、仮にある人が自分の先祖の宗教的祭祀に基づいて宣誓しなければならない場合、通訳なら、彼はフェティッシュを真実の証人に呼んだ、と言うだろう。同様の祈願は些細な事柄に関する別の宣誓の場合にも適用される。徘徊する霊や精霊〔Genii〕――それらもまたフェティッシュという名を有している――に呼びかけることは、神聖なものだと考えられている」(Dupuis, Joseph, *Journal of a Residence in Ashantee*, London, Cass, Reprint of 1624 edition, 1966, p. 107n)。

＊54　Dantzig, Albert van, « Willem Bosnian's *New and Accurate Description of the Coast of Guinea*: How Accurate Is It ? », in *History in Africa* I, 1974, p. 105)

＊55　その最も悪名高いのはウィリアム・スミスの『新ギニア旅行記』であるが、スネルグレーヴ、アトキンス、そして十八世紀の旅行記作家の多くもボスマンから借用している。次を参照のこと。Feinberg, H. M, « An Eighteenth-Century Case of Plagiarism: William Smith's *A New Voyage to Guinea* », in *History in Africa*, vol.6, 1979, pp. 45-50

＊56　Astley, *ibid.*, I, p. viii

＊57　次を参照のこと。Harrison, John, *The Library of Isaac Newton*, Cambridge University Press, 1978, p. 107; Harrison, John, and Peter Laslett, *The Library of John Locke*, Oxford University Press, 1965, p. 90; Keynes, Geoffrey, *The Library of Edward Gibbon*, Second edition, London, St. Paul's Bibliographies, 1980, p.75; Smith, Adam, *Lectures on jurisprudence*, Oxford University Press, 1978.

＊58　Bayle, Pierre, *Œuvres Diverses*, Vol 3, Hildesheim, Georg Olm, 1966, pp. 970-972. この点については、十八世紀思想が非一神教的宗教をどう考えたのかについて論じた、次に挙げる格別に最良の研究書でマニュ

エルが議論している。私の研究はこれに多くを負っている。Manuel, Frank, *The Eighteenth Century Confronts the Gods*, Cambridge, Harvard University Press, 1959.

＊59 「私があなたにすでにお伝えしたように、フエダで犯された最大の大罪はもっぱら金銭によって贖われる。これに続く話からも、彼らの宗教は同一の原則、つまり利益にひたすら依拠しているように見えることに、あなたも納得するだろう」(Bosman, *ibid.*, p. 367a)。黄金海岸の社会についても、ボスマンは「最も金持ちの男が最も誉れ高く、そこでは高潔さなど一顧だにされない……」(*Ibid.*, p. 132) と述べている。よく読まれた作品集のなかで、アストリは、〝フエダ〟の宗教に関する章を、次のような話から始めている。「ボスマンによれば、フエダの宗教は、利益と迷信の原理、それも彼もまったく聞いたこともないような迷信の原理にもっぱら基づいている……」(Astley, *ibid.*, III, p. 25)。

＊60 ボスマンがこれを書いていたのは、初期の近代的諸国の一つにおいてであり、また超自然的な魔術的因果律の観点から出来事を説明することを退けることのできた最初の時代であった。それゆえボスマンは聡明な読者層に向けて、バルタザール・ベッカーの名前に触れることができた。自然の物理法則の不可侵性を主張するベッカーのような人々に対して奇跡的・魔術的な因果律を信じる敬虔な信者たちが行う異端宣告にとって、ベッカーの学術書『魔術化された世界』は十七世紀後半の避雷針であった(ボスマンに先んじて物を書いていたベッカー自身、超自然的因果律が物理的自然に作用するという迷信的信仰を暴露するために、アフリカ人の〝フェティソ〟信仰の事例を用いていた [Bekker, Balthasar, *The World Bewitched*, English translation from the original Dutch edition of 1691, London, K. Baldwin, 1695, pp. 69-74. ベッカーのフェティ

ソの議論はマニュエル、前掲書、一九三頁で指摘されている〕)。だからボスマンは、当時の大衆作家だったシモン・ド・ヴリを、「彼は戯曲の配役にいつも悪魔を持ち出してくる」(Bosman, *ibid.*, p. 227)という理由でたしなめることができた。ボスマンはまた「悪魔の助けがなければ奇術師は皆、どんな芸当もできないなどと確信しているわがヨーロッパの滑稽な頑固者たち」(*Ibid.*, p. 157)も軽蔑している。能動因としての悪魔をきっぱりと排除しても危険にさらされることはなく容認可能であったという理由だけで、ボスマンのような人は、アフリカの迷信は次のような事実(これを認めることこそ合理性そのものであった)を無視することに基づいていると明確に特徴づけることができたのである。すなわち、自然の出来事は非人格的な法則と偶然の機会に則って生じているのであり、不可視の霊的な動因の意図によって起こっているのではないというのがそれである。

＊61 Bosman, *ibid.*, pp. 146-147

＊62 私が最初にこの論考を書いていた時には、まだロバート・ダーントンの『猫の大虐殺』(一九八四年)は未読であった。啓蒙期の他の動物の大虐殺物語に関する彼の明敏な調査に、今私は勇気づけられている〔邦訳は、ダーントン、ロバート『猫の大虐殺』海保眞夫・鷲見洋一訳、岩波現代文庫、二〇〇七年がある〕。

＊63 Labat, Jean-Baptiste, *Voyage du Chevalier des Marchais en Guinée, Isles Voisines, et à la Cayenne, fait en 1725, 1726 et 1727*, Paris, 1730, II, pp. 175-176

＊64 Astley, *ibid.*, III, pp. 30-31

＊65 Prevost, Abbé, *Histoire Générale des Voyages*, Paris, 1747-1766, XIV, p. 376

＊66 « A Description of the Manner, Religion, Customs, etc. of the Inhabitants of Whidah on the Slave Coast », in *The British Magazine, or Monthly Repository for Gentlemen and Ladies*, II (June) 1761, p. 295

＊67 Holbach, Baron d', "Serpent-Fétiche", in *Encyclopédie*, 1765, XV, pp. 108-109

＊68 Bosman, *ibid.*, pp. 381-382

＊69 意味論的構造と記号論的構造の観点から、テクストのイデオロギーを解釈する方法については、次を参照のこと。Jameson, Frederic, *The Political Unconscious: Narrative as a Socially Symbolic Act*, Ithaca, Cornell University Press, 1981.〔邦訳は、ジェイムソン、フレデリック『政治的無意識——社会的象徴行為としての物語』大橋洋一・木村茂雄・太田耕人訳、平凡社ライブラリー、二〇一〇年がある〕私の基本的なイデオロギー理解はこうである。すなわちイデオロギーには、現実のなかで解決を拒む一つの問題が現れている複雑な歴史的状況に、単純な（グレイマスの）意味論構造を課す言説の形成が伴うというのがそれである。イデオロギー構造は、現実と行動というよりも観念と意識のレベルで本質的に存在するものとして問題を出現させる。この観念構造は、イデオロギー化された問題の概念的諸要素に独特の諸記号が形を与える芝居のシナリオのように、それ自身をイデオロギーとして完成させる。このようなイデオロギー的な登場人物は、こうして現実の中に存在するものとして認知されるのである。

＊70 ボスマンは黄金海岸の〝フェティシャー〟についてこう書いている。「神官たちは、彼らがこの軽信的な連中に望むことをすべて信じ込ませ、この連中の犠牲のうえに私腹を肥やすテクニックを持っている。この軽信の理由は、神官たち——悪知恵の働くペテン師が相場だが——がこの連中をだまし、盲目にするこの世の

あらゆる機会を握っているからである。実際、彼らはそれを効果的に行っている」（Bosman, *ibid.*, p. 152）。フエダで蛇崇拝を行っている人々については、アストリが次のようにまとめている。「神官たちは、民衆の軽信から最も確実な収入を引き出しており、彼らは好きなだけそれをだまし取っている。彼らは、あの手この手を使って、大蛇のための貢ぎ物や贈り物を横流しし、それを自分たちの利益になるように運用することを心得ている。しばしばこうした集《たか》りのせいで、一家が破産することもある」（Astley, *ibid.*, III, p. 36）。

＊71 アストリは、ラバの「この貧しき民族の盲目さ」（Labat, *ibid.*, p. 179）に続き、「この民族の盲目的な迷信」（Astley, *ibid.*, III, p. 32）について語っている。

＊72 Barbot, *ibid.*, p. 308

＊73 たとえば、パノラマ的な「わけのわからない」偶像〔“Mumbo-jumbo” Idol〕について、『百科全書』にドルバック男爵が寄せた項目を参照のこと（Holbach, *ibid.*, vol. X, pp. 860-861）。マンディゴ族は、偶像が「絶えず彼らの行動を監視しているのだ」と説き伏せて、「自分の妻を従わせるために偶像を利用している」。一七六四年に、カントもこう書いている。「黒人の土地では、概してそこに見いだされる以上に良いことを予期しえようか？　つまりそこにあるのは最も低い奴隷状態にある女性である」（Kant, *ibid.*, p. 113）。

　しかし、家族内ではすべて絶対的な服従にあるとしても、アフリカの女性たちは、政治的・公共的な面ではそれ相応の大きな力を持っていると想像された。ジャン＝ルイ・カスティヨンのリベルタン小説『アンゴラ女王ジンガ――アフリカの歴史』（一七六九年）を参照のこと。カスティヨンの作品はその世紀の終わりにサド侯爵の情報源となった。サド侯爵は、『閨房哲学』のなかでその作品（著者カスティヨンは宣教師だとされている！）を引用している。サド侯爵がボスマンの仏訳版を読んでいたことは想像に難くない。第十九書簡の冒頭で、ボスマンは、主要な刑罰の一類型を次のように描いている。

「殺人の廉で二人とも同じやり方で処刑された二人のニグロがいた。彼らは生きながら体を切り裂かれ、臓物を抜き取られたのち、焼かれた。次いで遺体に塩が詰められて、市場の中央の杭に縛られる。私は最初の旅行でそれを目撃した」（Bosman, *ibid.*, p. 357）。

サド侯爵の『悪徳の栄え』には教皇が残虐制度の長大な民族誌的リストを挙げている個所があるが、そこには次のものも含まれていた。「フエダでは、腹を切り裂いて内臓を取り出したのち塩が詰められて、市場で棒に吊るされるのである」。

＊74 De Brosses, Charles de, *Du culte des dieux fétiches, ou Parallèle de l'ancienne Religion de l'Egypte avec la Religion actuelle de Nigritie*, Genève, 1760, p. 42〔『フェティシュ諸神の崇拝』杉本隆司訳、法政大学出版局、二〇〇八年、二七頁〕。

＊75 Labat, *ibid.*, p. 178-179. ラバは、神官たちもまたヨーロッパ人と交易をしている商人だと書いている。「しかし、彼らの最大の収入源は、民衆の軽信とお目出たさを利用することに熱心に励むことにある」（Labat, *ibid.*, p. 189）。

＊76 Labat, *ibid.*, p.167.

＊77 アトキンスはこう書いている。「彼らにはフェティッシュ女性、つまり巫女がいる。彼女たちは、数名の処女たちと一緒に彼女らの庇護のもと、蛇の世話をするために隔離された生活している。私が聞いたところ

によると、裕福な酋長らは少女たちを手籠めにするために、しばしばこうした〔後見人の〕女性の同意を金で買うという…」(Atkins, *ibid.*, p. 114)。

＊78　Labat, *ibid.*, p. 182. アストリはこれを別の言葉で表現している。「〔蛇崇拝の巫女となった女性を除いて〕その他のすべての女性は、自分たちの夫に隷従するように強いられる。しかし、巫女たちは夫とその資産に対して絶対的な支配を行使する。そのうえ夫たちは彼女たちに膝をついて話しかけ、仕えなければならない」(Astley, *ibid.*, III, p. 36)。

＊79　フエダの蛇フェティッシュ崇拝のこの典型的な語りを、社会の運命はその基本秩序への非合理な迷信に負っているという寓話として完成させるのが、ウィリアム・スネルグレーヴ船長〔の話〕である。彼は、北部への強大なダホメ王国の圧力からフエダのエウェ族が保っていた独立の終焉を描いている。彼が〝ウィダ〟と呼ぶフエダの住人たちは「高慢で、女々しく、そして放蕩者であった」(Snelgrave, *ibid.*, p. 3)。「〔威嚇するダホメの軍勢に抗して重要経路を死守する代わりに〕、彼らは、彼らが言うところの〝フェティッシュをする〟ために――すなわち彼らの主神に奉献するために――毎日朝夕、ひたすら川岸へと足を運ぶ。この主神とは、彼らが崇めるある特定の無害な蛇であり、こういう時には彼らは敵どもが川を超えてこないようにそれに祈るのである……。彼らの間には変わることのない一つの伝承がある。何らかの災厄が彼らの国をおびやかす時はいつも、蛇の加護を願えば、その災厄を回避できるというのがそれである。以前はそういうことも起こったが、しかし今では彼らにはまったく役立たなくなっている。蛇自体も、征服されてからというもの無傷ではいられなくなった。蛇が大量に増え、また一種の家畜にもなっていたため、征服者たち

があちこちで目撃したところでは、彼らは腰のあたりまで蛇を持ち上げて、次のように語りかけていた。『あなたがもし神格なら、言葉を話してお逃げなさい』。だが哀れな蛇はそんなことができるはずもなく、ダホメ族たちに首を切り落とされ、腹を裂かれ、炭焼きにして食べられてしまった」（*Ibid.*, p. 11）。

このエピソードのなかで、言葉と神の力を無言の動物に与えようとするこうした迷信的擬人化を描く際に、スネルグレーヴが見せる軽蔑的な調子はボスマンのそれと同じである（唯一違うのはそれが現実主義のダホメ族を介してここでは描かれている点である）。

＊80　本章の私の議論を読んでくれたフランチェスコ・ペリーツィは、このエピソードは個別の利益（国王や神官、その他の利益）と社会全体の中にある利益の区別を示唆していると指摘してくれた。個人の自己利益と公共の利益のあいだの対比は、確かに十八世紀初頭の著述のなかに現れてきた一つの問題関心であった。やがてこの関心は、一七六二年の『社会契約論』に現れる「全体意志」と「一般意志」というルソーの区別として、最終的な理論的分節化を受けることになる。

＊81　次の文献からの引用。Poplin, Richard H., « The Philosophical Basis of Eighteenth-Century Racism », in *Studies in Eighteenth-Century Culture: Racism in the Eighteenth Century*. Ed. Harold E. Pagliaro. Cleveland, Caw Western Reserve. 1973, p. 249.

訳者解説

「近代人とは、他の人々が信じていると信じている人のことである」
——ブリュノ・ラトゥール『近代の〈物神事実〉崇拝について』

本書は、ウィリアム・ピーツの次に掲げる一連の三本の論文の全訳である。（一）« The Problem of the Fetish, I », in *RES: Anthropology and Aesthetics*, No. 9 (Spring, 1985), pp. 5-17、（二）« The Problem of the Fetish, II: The Origin of the Fetish », in *ibid*, No. 13 (Spring, 1987), pp. 23-45、（三）« The Problem of the Fetish, IIIa: Bosman's Guinea and the Enlightenment Theory of Fetishism » in *ibid*, No. 16 (Autumn, 1988), pp. 105-124。この三つの論文をそのまま三つの章として構成し、一冊の訳書として編集したのが本書である。原著の標題を直訳すれば「フェティッシュ問題」となるが、内容を勘案して「フェティッシュとは何か——その問いの系譜」とすることにした。翻訳に際しては、同様の編集方針を採用したフランス語版（Pietz, [2005]）も適宜参照した。本書の各章のタイトルは各論文の副題をそのまま充てているが、第一論文には副題がないため、フランス語版の第一章のタイトルを借用している。なおこのフランス語版は第四章（つまり第四論文）まで収録されているが、本書はそれを訳出していない。本書の編集の経緯については後述する。

著者のウィリアム・ピーツ（William Pietz, 一九五一～?）は、〝フェティッシュ〟の概念史研究で世界的に知られる研究者であるが、彼の経歴に関する正確な情報はほとんど知られていない。過去のビブリオグラフィーやネットの情報を頼りにすれば、著者は博士論文『フェティシズムの起源――理論史への貢献』（一九八八年）でカルフォルニア大学の哲学博士号を取得後、アメリカ各地の大学で教鞭をとるかたわら、ロサンゼルスの緑の党の結成にも加わった左派系の社会運動家としての顔も持つ。むしろ過去の労働運動や組合活動の経歴からすると、彼のキャリアは生粋のアカデミシャンというより在野の知的アクティヴィストと形容したほうがおそらく正確である。

その一方、アカデミズムの世界（特に英米圏）では、〝フェティッシュ〟や〝フェティシズム〟に関する幅広い研究分野（哲学から社会学、人類学、宗教学、心理学、美学まで）において、彼の研究は現在でもなお繰り返し参照・言及される基本文献としての地位を占めている。本書に収められた三本の論文はピーツのフェティッシュ研究の土台にあたる仕事といってよく、その後に提出された学位請求論文もこれらの論文をベースに執筆されたものと思われる。複数の論文の合本という本書の性格上、議論の反復や理論の再説など必ずしも読みやすい構成とはいえないが、以下では研究の目的と方法が述べられている第一章（第一論文）を中心に本書の内容を辿っていこう。

十九世紀以降、ヨーロッパでは宗教学、人類学、民族学、社会学、経済学、性科学、精神分析学、美学など多くの人文・社会科学が誕生するが、これら専門分化した学問の多様な問題関心にもかかわらず、学際的なテーマと意味を奇妙にも現在まで包括的に担わされてきた概念がある。それが〝フェティッシュ〟という概念である。この概念の過剰ともいえる意味の多様性を明らかにするために、ピーツはまず予備的な作業としてこの概念に歴史的に与えられてきた意味と特徴を大きく四つに分類している。

(一) フェティッシュの還元不可能性。これは、物的対象であるフェティッシュはなんらかの超越的な精神的原型の模写や類似ではなく、物質自体にその力の淵源があるため、原型には還元できないという特徴を指している。「マルクス主義の商品フェティッシュも、精神分析学の性愛的フェティッシュも、芸術オブジェとしてのモダニズムのフェティッシュも、すべて本質的な意味において、対象の非超越的な物質性を伴っている」(本書一二頁)。この規定は本書のなかで繰り返し取り上げられる中心的な特徴であるが、従来のキリスト教神学の偶像の規定、つまり偶像とは神々や悪霊といった原型の模写・似像であるという類似の原則には回収できない点において偶像崇拝の言説からは区別される。

(二) フェティッシュの唯一性と反復性。これは、歴史的に一度きりの出来事を固着させたものがフェティッシュであり、儀礼を介して原初行為を反復させる力を持つという特徴を指している。その一例としてピーツが着目するのが、十五〜十六世紀の旅行記や報告書に共通にみられる「最初の偶然の遭遇」論――ある目的を意図した人間が最初に偶然遭遇した動植物・物体をフェティッシュとして崇拝する――と呼ばれるものである。崇拝対象をこのように恣意的に選択することもまた、悪霊との文字や口頭の契約を前提とするキリスト教の悪魔学や偶像崇拝言説とは区別される。

（三）フェティッシュの社会的価値の制度的な構築性。これは、フェティッシュとは特殊な社会制度のシステムの中心に位置しており、その意味と価値はこの社会関係の特定の秩序に依存しているという特徴を指している。たとえば、当時のアフリカ人たちが金塊をヨーロッパの商人たちの持参した「ガラクタ品」とためらいもなく交換してしまう非合理な錯視や、あるいは物象化された制度の改革こそが人間の意識を変革するというのちのマルクス主義の唯物史観にも共通する特徴である。

（四）フェティッシュの身体・欲望への直接的関係性。これは、魂の精神的状態ではなく身体を介した関係、つまりフェティッシュを身につけたり、体内に消費することであたかも身体器官の一つのように個人に対して直接的な影響を及ぼすことを指している。キリスト教の言説では偶像とそれを介して呼び出される悪霊という霊的な因果関係を想定しているのに対し、フェティッシュ言説では身体的・心理的な因果律にその力点が置かれる。また個人の意思を超えた力に従う一種の外的なコントロール器官としてのフェティッシュは、「独り限定された自己という観念の破棄」（本書三八頁）も同時に表すものとされる。

このように〝フェティッシュ〟概念には歴史的に多様な四つの特徴が見て取れるが、これらの特徴になぜ一つの輪郭と統一性が与えられたのかという問いに対して、ピーツは、この概念の形成に決定的な役割を果たした時代と空間があったという。それが十六世紀から十七世紀という時代と西アフリカ海岸という場所であり、ここにおいて複数の意味と価値を包含する問いが生まれたのである。「数世紀にわたってしぶとく存続してきたこれらの空間は、キリスト教封建制、アフリカの氏族制《リネージ》、そして商業資本家的社会システムという三点のトライアングルを形成してきた。そしてまさにこの状況の中から、宗教的価値、商業的価値、美学的価値、そして性的価値を——通時的かつ共時的に——統合する物的対象の包容力をめぐる新たな問いが浮上してきたのである。それゆえフェティッシュの起源に関する私の議論はこうだ。すなわち、フェティッシュとは、まったく異質な二種類の非資本主義社会が文化交差的状況の進行していくなかで互いに遭遇し、この二つの社会の社会的価値と宗教的イデオロギーに則って、あるいはそれらに逆らって規定された商品形態のイデオロギーの明確な登場と結びついた時に、はじめて誕生したものなのである」(本書一〇頁)。

それゆえ〝フェティッシュ〟という概念は、十六〜十七世紀という比較的新しい時代に、ヨーロッパの白人商人とアフリカの現地の黒人が遭遇した西アフリカ海岸という特殊な空間のなかで誕生した歴史的概念(つまりいかなる優先的な個別社会にも属さない新奇な対象)なのである。この概念が「西アフリカ文化にとっても、キリスト教ヨーロッパ文化にとっても、〔…〕どちらにも固有なものではない」(本書四〇頁)とすれば、次のような三つの分析アプローチは退けられることになる。

まず、各部族が独自の崇拝対象を名指す個別の言葉をすべて〝フェティッシュ〟で置き換えようとする特殊主義アプローチ。これは十六世紀の特殊な空間でこの概念が誕生したことを看過させてしまう恐れがある。次に、人間が普遍的に有する性質としてフェティシズムを定義する普遍主義アプローチ。これは十九世紀末に性科学の領域で与えられる定義(たとえば男根シンボリズム)を過去の事例に押しつける時代錯誤の危険を免れない。最後に、この二つを組み合わせたようなキリスト教的アプローチ。これは、〝フェティッシュ〟を単に偶像崇拝に関する伝統的なキリスト教言説の延長で説明しようとするものであるが、すでに指摘したように、フェティッシュ概念の登場はむしろそれ以前のキリスト教言説からの決定的な「断絶」を表している。

この「断絶」を詳細に跡付けることが第二章（第二論文）の主な課題となる。ところでキリスト教言説との断絶とはいえ、〝フェティッシュ〟という言葉自体はもちろんまったくの無の状態から生まれたわけではなく、中世のキリスト教用語をいわば原料としていた。この原料調査のために、先の三つのアプローチに代えてピーツが採用するのが歴史・言語学的アプローチである。それは、超歴史的概念としてフェティッシュ概念をメタ・コードに還元するのではなく、歴史的な用法を一つひとつ丹念に拾い上げていく、ある意味では素朴で地道な作業である。

英語（fetish）をはじめ北ヨーロッパの各国語でフェティッシュに該当する言葉は、当時西アフリカ海岸の支配権を握っていたポルトガルの言葉「妖術」を意味する *feitiço* と現地の言葉が混淆した *Fetisso* というピジン語にすべて由来している。さらにそのポルトガル語の語源にあたるのが中世ラテン語の形容詞 *facticius* であり、この形容詞自体は動詞 *facere*（〝造る〟）の過去分詞から派生した。それゆえ古代ヨーロッパにおいて *facticius* は、元来、「天然の・真正の」に対置される「（人の手で造られた）人為の」を意味し、中身を偽って外見だけを〝模造〟する詐称の意味あいもそこから派生することとなった。だがいずれにしてもこの言葉はローマ時代にはもっぱら商売上の用語として流通していたにすぎなかった。

ところがキリスト教の登場以降、この言葉はテルトリアヌスやアウグスティヌスら教父たちによって、身体（創造）、魂（受肉）、聖体（救済）という三つの文脈でキリスト教の妖術理論のなかに組み込まれると、「偶像および非教会的聖体の特徴は、おしなべて仮象（〝像《イメージ》〟、つまり*simulacra*）であり、手で造られたもの（*facticii*）だとされたのである。〝像《イメージ》〟である限り、それらはたんなる外装、見せかけにすぎず、本質的な真理と内的な霊性を欠いている。そして〝人造〟である限り、それらは意図的に変形された物質的本体であり、霊的な観点に立てば意思の無益な行為」（本書四八頁）だと解釈されることになった。

その後、テオドシウス法典（四～五世紀）や西ゴート族法典（一一世紀以降）といった教会法なかで妖術の概念化が図られ、十四世紀になるとそれまでもっぱら迷信に分類されてきた妖術は魔女狩りの流行とともにその使い手を審問にかけるべき異端と考えられるようになっていく。そうであれば迷信的崇拝を行うアフリカ人も審問にかけられてしかるべきだが、ピーツによれば、十五世紀以降、大陸の異端審問の対象が魔女＝妖術使いというよりも、もっぱらユダヤ人や〝新米キリスト教徒〟（つまり改宗した元ユダヤ教徒）へと移動したために、アフリカの宗教を抵抗なく妖術（*feitiçaria*）として特徴づけることができたのだという。

このように十五世紀までの妖術をめぐるキリスト教神学と教会法の言説を辿ることで、ピーツは先のフェティッシュを特徴づける四つの基本要素がポルトガル語の*feitiço*という中世の概念のなかには見られない点を明らかにする。要するに、キリスト教の伝統的な偶像崇拝と悪魔学の論理によれば、物的対象は常に霊的原型を模した物的像《イメージ》、つまりあくまで言葉による契約を介した悪霊の代理表象の身分に位置づけられたのである。「類似の原則によれば、フェティッシュ＝物はいま問題となっている像《イメージ》のように、完成品（end product）の似像であった。それに加えて、意図的な悪魔の呼び出しと言葉による契約という観念によって、自由な霊力と道徳的価値を物体それ自体に帰すことが一切封じられたのである」（本書六九頁）。したがって、フェティッシュ概念はキリスト教の妖術概念をベースにしているとはいえ、それ以前の悪魔学や偶像崇拝言説とはまったく無縁の新奇な観念として登場することになったのである。

ところが十六世紀から十八世紀にかけて、ようやく類似の原則に基づく代理表象の解釈に対して、「神が設置した自然法則を悪霊は魔女との契約によっては変更できない」という自然神学的な考えが台頭する。ピーツによれば、こうした変化の大きな要因こそ西アフリカ・ギニア海岸におけるヨーロッパ人たちの経験であった。十七世紀中葉に西アフリカの覇権がポルトガルから新教国オランダに移ると、プロテスタントの商人たちはフェティッシュをカトリックの聖体と同一視し、「ガラクタ」を珍重するアフリカ人に対する迷信批判に拍車をかけていった。「ガラクタ」を金塊と交換する経済的価値評価の錯誤、さらにはそれを擬人化して礼拝する宗教的錯誤、これらの錯誤に共通する根本原因こそ（悪魔の導きではなく）因果律に無知で自然のメカニズムを理解できないアフリカ人自身の迷信的錯視（「願望と結びついた想像力による気まぐれな空想」）にあると考えられたのである。「ここから技術的・商業的な価値だけを〝現実〟とみなす、リアリズムという優れて近代的な修辞学のなかに、非ヨーロッパ人の迷信深さの一般的言説が現れることになった」(本書八九頁)。つまり、黒人たちの迷信深さが強調されればされるほど対照的にヨーロッパ的価値だけが唯一の〝現実〟として浮上することで、ピーツの指摘するフェティッシュ概念の一般的特徴が現れることになったのである。

第三章は舞台を十八世紀の啓蒙期に移し、この時代の啓蒙思想家に大きな影響を与えた『新ギニア海岸詳述史』(一七〇四年)の著者ボスマンに代表される商人たちの報告書をもとに、それまで解釈されてきたフェティッシュ概念がどのように十八世紀の実用的・イデオロギー的意味(つまり西アフリカの現実というよりも啓蒙ヨーロッパが抱いた〝ギニア〟のイメージ)を担うようになったのかに焦点が当てられる。ピーツによればボスマンらの抱いた、フェティッシュ崇拝を中心としたアフリカ社会のイメージは、〝迷信〟と〝利益〟に基づいたいわば「秩序なき秩序」(本書九一頁)とでも呼ぶべき社会であった。

まず〝迷信〟としてのフェティッシュ崇拝とは、人間界と自然界にまたがる物質生活の統制力が偶然に選ばれた物的対象に授けられているとアフリカ人たちが信じ、それを崇拝するという非合理な錯誤として特徴づけられる。フェティッシュ概念が伝統的なキリスト教のカテゴリーとは相容れないことはすでに知られていたが、こうした含意を明確に表現したのが、啓蒙思想家シャルル・ド・ブロスの創始した〝フェティシズム〟という概念であった。ピーツによれば、その概念の登場は「物質の因果関係に関する人々の〈思考方法〉をもとに信仰類型を導き出す問いへと歴史的宗教の問題を再定義させること」(本書一〇六頁)へとつながり、この明示的な変化によって神学的言説から当時台頭してきた人間諸科学の企てとマッチした心理学的＝審美的言説へと問題の関心が移動することになったという。

この〝迷信〟のイメージはボスマンのような商人たちとド・ブロスのような啓蒙主義者で一致していたが、これに対して〝利益〟のイメージのほうは、両者のあいだに齟齬が見られた。なぜなら商人たちにとって、金塊をガラクタと交換し、神官に貢ぐフェティシストたちは合理的な自己利益からの倒錯であり、良き社会秩序の組織原理からの逸脱であるのに対して、自己利益を反社会的だと考える啓蒙主義者にとっては、搾取好きなフェティッシュ神官も強欲な商人たちもどちらもまさに利益という本質的に反社会的な動機の体現者であったからである。このようにピーツは両者の配置図を示したのち、主に迷信と利益というこの二つのイメージを創り出した商人イデオロギーの分析のほうへとまず歩みを進めていく（そして本書には収録されていない第四章で、ド・ブロス、ヒューム、ヴォルテールら啓蒙思想家たちのイデオロギー分析が行われる）。

すでに触れたように、フェティッシュ概念は十五〜十六世紀にかけてポルトガル語圏で発達を遂げ、十七世紀半ばからオランダが西アフリカ海岸の覇権を握ると、ボスマンらオランダ商人たちはプロテスタント的な倫理性の観点からアフリカ人たちの非合理性を次々に告発していった。商取引で金に混ぜ物をすることや、自分たちが奴隷状態に甘んじていること、さらにはアフリカ人女性が性的に堕落していることも、すべてフェティッシュが体現している宗教の虚偽性と、誠実さを欠いた道徳的退廃の反映にほかならない。ボスマンによれば、こうした迷信的社会にあってその社会システムを熟知し、裏で民衆を操っているのが神官たちである。彼らはフェティッシュの権威を盾にヨーロッパ商人への迷信的儀礼の強要をはじめ、民衆に大量の貢ぎ物を要求し、専制的な国王に服従させ、手籠めにした若い娘を巫女に仕立てる狡猾な輩たちであった。それゆえ商人たちにとって、フェティッシュ崇拝とは正当な経済取引や道徳秩序、市場活動を阻む社会的な力であり、神官たちの陰謀、つまり利益原理に基づく欲得宗教以外の何ものでもないと考えられたのである。

こうしたボスマンのギニア観の背後にピーツは、当時の啓蒙主義的な商業イデオロギーに支えられた次のような一つの幻想を析出する。いわく「ボスマンの描くギニアは、緻密な観察と新たな経験的懐疑主義の勝利であると同時に、アフリカとヨーロッパの社会を共に再編成する商業的な世界経済の新たな勢力・区分が海外の社会秩序と場所のなかに読み込まれた、ひとつの奇妙な幻想」(本書一三〇頁)がそれである。つまり、理性の不道徳な濫用と強欲を体現する僧侶、公権力の腐敗を象徴する王権、そして男性中心の政治社会の背後で男を操る女性という、商業活動を阻害するヨーロッパ社会の腐敗した象徴的な配役をギニアという非ヨーロッパ社会のなかに読み込むことで、ボスマン自身のブルジョワジーとしての願望がそこに投影されていたのだという。

第三章の末尾では、気まぐれや偶然のメカニズム、そして因果律の錯視に基づくフェティッシュ崇拝の特徴がド・ブロスやヒュームの『宗教の自然史』のなかで決定的表現を獲得する十八世紀の啓蒙主義イデオロギーについて、続編となる第四論文の簡単な見取り図が予告されて本書は閉じられる。

以上、かなり大雑把にではあるが三つの章の概要を辿ってきた。著者の博識のゆえ、時に幾重にも枝葉の伸びる情報の森のなかで読者が道を迷う恐れもあるとはいえ、大枠の議論の筋立てとその論旨は明確であろう。十八世紀後半から顕在化する植民地主義を支える商業イデオロギーの特殊な歴史的文脈の中でフェティッシュ概念の内実が形成されてきたこと、さらにそれと並行する形でキリスト教的世界観から十九世紀に開花する人文・社会科学の心理学的＝人間学的世界観へと移動する理論史の端緒にこの概念が位置していること（ピーツ自身の表現を借りればフェティシズム言説の登場は「理論的な唯物論〔の〕明確な表現」［本書九頁］である）など、本書の主張は、フェティッシュ概念の理論的形成史というスケールの大きな問いにもかかわらず、背景にある政治的・社会的な時代状況にまで遡るその説得力に富む記述によって、著者自身の問いの解明に成功している。またフェティッシュ概念の微に入り細を穿つその文献学的貢献の面でも、研究史における基礎文献としての地位を占めるに値するものといえるだろう（たとえば次のような近年の包括的なフェティシズム研究におけるピーツの位置づけも参照されたい。田中、［二〇〇九］、［二〇一四］）。

ところでそれらを確認したうえで、ここではピーツ自身からと、そしてド・ブロスの思想を多少かじったことのある訳者の立場からそれぞれ若干の留保を指摘しておきたい。まず、ピーツ自身の立場からというのは、第三論文のタイトルにわざわざIIIa（つまり続編のIIIbを予告している）と記し、その続編が一九八九年春号の『Res』十七号に掲載予定であることを第三論文誌上で告知しておきながら、結局掲載されずに全体的な議論を十分に展開できなかったことにある。訳者にはその掲載不許可の理由は詳らかではないが、第三章＊1でピーツ自身が述べているように、おそらく

『Res』の編集者から「舌足らずな言い回しや不必要な曖昧さ」の指摘を受け、ピーツはそれに「深い謝意」を表しているが、結局両者折り合いがつかずに破談になったものと推測される。もし事実がそうであるとすれば、この脚注は今から読むとむしろ編集者への皮肉に見えなくもない。

その後、彼のビブリオグラフィーを辿っても、この幻の第四論文が他誌に掲載された様子もなかったのだが、十五年以上も経た二〇〇五年に本訳書と同じ編集のフランス語版のなかで突如、その第四章（その章題は「ド・ブロスとフェティシズム理論」）として活字となって現れた。フランス語版の版権のクレジットが、第四章だけ『Res』の版元ではなく、ピーツ個人（© 一九八八年）になっている点を考えると、おそらくフランス語訳者が個人的にピーツから草稿を譲り受け、フランス語に翻訳したものと思われる（ピーツは一九八五年にド・ブロス関係の論文を一本公にしているが、その内容は異なっている）。本来であれば、この第四章も日本語に訳出すべきところであったが、原著の版元やフランス語版の版元も所在不明を理由にピーツ本人やフランス語訳者にもコンタクトが取れない――それゆえ著者がなおも存命であるのかさえ実は不明である――状態にあり、残念ながら今回の訳出は見送ることにした。

次に、訳者からの留保としてやはり気になるのは、ピーツにはフェティッシュ概念とフェティシズム概念を区別する意図がなく、両概念をほとんど互換的に用いている点である。既述のように、フェティッシュ崇拝は伝統的なキリスト教の偶像崇拝言説とは異質であり、その基礎にあるのは「偶然の遭遇の原則と、願望と結びついた想像力による気まぐれな空想」（本書九二頁）であった。

したがってピーツによれば、こうした特徴を受け継いでいるド・ブロスの創始したフェティシズム概念も、過去数世紀にわたり、すでにヨーロッパ商人たちが西アフリカで形成してきた言説を単に「一般理論へと昇華」し、黒人たちの〈思考方法〉*façon de penser* を明確化したものにすぎず、それゆえフェティシズム概念はあくまで従来のフェティッシュ概念の延長上に位置づけられるべきものである以上、「ド・ブロスには真の理論的才能を帰すことはできない」（Pietz, [2005], p. 130）のである。

もとよりフェティシズム概念も無の状態から生まれたわけではなく、ド・ブロスは『フェティシュ諸神の崇拝』（一七六〇年）のなかでピーツが論じてきた航海士や商人の報告書をふんだんに利用している。とはいえ従来のフェティッシュ概念の延長上だけでこの概念を読みぬこうとするピーツの姿勢にやや無理があるように感じるのは、ド・ブロスはこの概念に次のような定義を与えていたからである。「異教神学のこの二つの要素〔教義と儀礼〕は、サベイズムの名で知られている星辰崇拝を軸とするか、あるいはおそらくこれも同じくらい古いだろうが、アフリカの黒人たちのあいだで存続している、フェティッシュと称される物質的な地上の特定の対象への崇拝を軸にして行われている。そこで、この崇拝を私はフェティシズムと呼ぶことにする。私がこの表現を頻繁に用いることをお許し願いたい。また、この表現はその本来の意味においてはアフリカ黒人の信仰と特に関わりがあるのだが、動物や神格化された無生物を崇拝対象としている、その他のどの民族について語る場合にも、私は同じようにこの表現を用いることをあらかじめお断りしておく」（ド・ブロス、［二〇〇八］、五頁）。

ド・ブロスの新語のセールス・ポイントは、アフリカのフェティッシュ崇拝に留まらず、〝フェティシズム〟という語尾が示しているようにエジプトやギリシアなど歴史上の古代民族全般にまで拡張させ、そこに見いだされる普遍的現象を宗教の起源に設定した点にあった。具体的には、ギニアという〝現在〟の地理上の空間を古代エジプトという〝原初〟の時間へとスライドさせる歴史的比較の問い（これは彼においてフェティシズム、多神教、一神教という歴史的進歩の問いと不可分である）こそ、〝フェティシズム〟概念の本来的な構成要件であるとすれば、従来の〝フェティッシュ〟概念からの逸脱、ないしその上書きは明らかであるように思われる。

確かにピーツもフランス語版第四章を中心に、フェティシズム概念が「歴史的宗教の問題を再定義」させ、「世界史の再構成を可能とした方法」（Pietz, [2005], p. 131）だとたびたび指摘しており、この概念の歴史性（進歩）と比較主義の側面を無視しているわけではない。しかし、彼はこれらの側面がフェティシズム概念に固有の特徴だとは考えず、あくまで〝フェティッシュ〟概念の一般化・理論化の枠内でそれらを処理しようとする。だがもしフェティシズム概念が民族誌や旅行記で語られてきた黒人の〈思考方法〉の一般的要約でしかないのであれば、「フェティッシュ崇拝」という用語に代えてわざわざ新語を創り出す必要もなかったのではあるまいか。

結局のところ、フェティシズムが歴史的に普遍的な原初宗教だというド・ブロスの真の狙いは、原始一神教を前提とするキリスト教普遍史と理神論に対する挑戦にあった（杉本、［二〇一七］）。それゆえ偶像崇拝を批判してきた神学者はもちろん、〝フェティッシュ〟概念の形成に数世紀にわたり加担してきた航海記作家や商人たちでさえ、偶像やフェティッシュを当然にもこの一神教からの堕落だと考えていたはずであり（なぜなら彼らは霊的原型の不在というフェティッシュの物的特徴には気づいたが、その崇拝を宗教の起源まで遡行させ、ヤーヴェの神もそこから進歩したなどとは考えていないからである）、西アフリカ海岸という新たな文化横断的な状況で生まれた〝フェティッシュ〟概念と、啓蒙期のド・ブロスの〝フェティシズム〟概念の間にも、やはりもう一つの「断絶」があるように思われる。

この指摘が正しいとすれば、二〇世紀の性愛的フェティシズム言説を十八世紀のレティフ・ド・ラ・ブルトンヌの靴性愛にまで適用することをピーツが戒めているのと同じ理由を、彼自身に向けることができるだろう。「われわれのアプローチは、フェティッシュ理論の歴史の全体的な見取り図のなかで、この言葉のもつ特定の用法の理論的な含意をつかむために、どんな時代でも状況でも、言葉の特定の意味をどうしても尊重しなければならないのである」（本書二九頁）。〝フェティシズム〟概念もその意味を尊重するならば、十八世紀以前のフェティッシュをめぐる言説にこの概念を外挿することはできない。

したがって、ピーツはフェティシズムという言葉が十八世紀後半から当時の啓蒙思想家たちに急速に広く採用されたと繰り返し主張しているが、この二つの概念を区別していないために混乱を招いている。確かにフェティッシュ概念ついては、（このテーマでのルソーの無視は措くとして）ピーツの主張は正しい。だがフランス語版第四章を含めて、彼が本書で列挙している啓蒙思想家のうち、フェティシズム概念を著作で用いた者は、厳密にいえば『理性の限界内の宗教』（一七九三年）でそれを一度使ったカントしかいない。ヴォルテールやディドロはド・ブロス宛ての書簡で用いただけであり、そもそも理神論者ヴォルテールはド・ブロスのフェティシズム論自体に賛同していない。ヘーゲルに至っては生涯一度も使った形跡はなく、管見の限り、彼らと同時代の著名人に限れば、『人間論』（一七七三年）のエルヴェシウス、『宗教無関心論』（一八一七〜二〇年）のラムネがそれぞれ一度この概念を使ったにすぎない。ひょっとすると第四論文に予定されていたド・ブロス論が現在まで著者自身の手で公にされてこなかったのも、語句や表現の曖昧さだけの問題ではなかったのかもしれない。

もちろんこの指摘によって、ピーツの問題設定自体が揺らぐわけではない。近代西欧社会が非ヨーロッパ社会を自らの他者として政治的・経済的に支配していくと同時に、いかにして啓蒙理性が非理性的迷信・神話への批判を通して自らを弁証法的に構築していったのかという、アドルノ流（?）の近代啓蒙批判に貫かれたピーツの問題意識の高みから見れば、この二つの概念の差異などおそらく些細な問題でしかない。しかし、十八世紀末からフェティシズム概念を本格的に受容した、ドイツ・ゲッティンゲンの歴史学派や、コントをはじめとするフランス社会学の始祖たちが一様にその歴史学や歴史哲学の発展史のなかにこの概念を導入しているのをみても、十九世紀の人文・社会科学や植民地主義イデオロギーに対する直接の功罪としては、この概念がフェティッシュ概念から受け継ぐ唯物論的含意以上に、新たに加わった歴史的比較という認識枠組みのほうが大きなインパクトを与えたのは確かである。十九世紀末にフェティシズム概念が宗教学や人類学から放擲されたのも、宗教の歴史的進歩への当時の批判と呼応していた点は留意されてよいだろう。

＊　＊　＊　＊　＊

ピーツが論文の連載を終えてから今年でちょうど三〇年目を迎えた。単体の論文であるにもかかわらず現在でもなお参照される文献であることを考えると、彼の研究もはや古典の域に入りつつある。本書には収録されていない第四論文を中心に、やや自説に寄り掛かった議論を多少乱暴にピーツに吹っ掛けて（?）みたが、それもまた彼の研究がこれまで与えてきた、そして今後も与えるであろう影響力の大きさのゆえであり、その点はご容赦を願いたい。実際、昨年（二〇一七年）には、シカゴ大学出版から『フェティシズムの復権――シャルル・ド・ブロスとその後の思想のゆくえ』(Morris and Leonard, [2017]) と題する論集が出版され、ピーツやヤコノといった従来の研究者の基本文献も改めて検討が加えられているほか、『フェティシュ諸神の崇拝』の英訳がはじめてフルテキストで収録された。これを機に今後は英米圏でもフェティシズムはもちろん、ド・ブロス思想自体の〝復権〟も進んでいくものと期待される。

さて、訳語については、本書の頻出キーワードである witchcraft、magic、divination は、文中でも示した通り、それぞれ「妖術」、「魔術」、「占術」と訳し、ラテン語 veneficia には「邪術」の訳を充てている。訳者にはこれらの訳語の選定に確たる理由もないので、もし問題がある場合には、それぞれ原語で読み替えていただければ幸いである。

当初この翻訳計画は、フランス語版からの重訳を予定していた。その理由は、訳者の第一外国語がフランス語ということもあるが、この版にはこれまで未刊の第四論文が含まれていることや、読みやすさに配慮して原注のほとんどを本文に組み込み、一冊の書物としての体裁を採っていたからである。しかし、既述の事情から、単体の原著論文を三本だけ英語から翻訳するという当初の意図とは異なる計画に変更せざるをえなくなった。ご覧の通り中世ラテン語はもちろん、古ポルトガル語や古スペイン語、さらには歴史上の固有名詞が次々に登場することに加え、ピーツ自身が「舌足らずな言い回しや不必要な曖昧さ」と述べているように、議論自体も抽象的であるその文章は、フランス語で最初に読んだ時の印象とは違い、訳者には決して容易なものとはいえなかった。訳者の浅学ゆえにありうべき悪訳もあるかもしれない。大方のご叱正を得られれば幸いである。

最後となったが、この企画を提案していただいた以文社の大野真氏には大変お世話になった。同社からはフェティシズム関連の書籍として、昨年にブリュノ・ラトゥールの研究書（ラトゥール、［二〇一七］）が上梓された。本書もそれと並行して出版を予定していたが、訳者の日頃の怠慢に研究環境の変化が重なったこともあり、一年ほど遅れることになってしまった。その間も辛抱強く見守ってくださった大野氏には感謝とともに篤くお礼申し上げる。

二〇一八年八月

杉本隆司

参考文献

Fedi, Laurent, 2002, *Fétichisme, philosophie, littérature*, L'Harmattan

Iacono, Alfonso M., 1992, *Le fétichisme : Histoire d' un concept*, P.U.F

Morris, Rosalind C. amd Leonard, Daniel H., 2017, *The returns of fetishism: Charles de Brosses and the afterlives of an idea; with a new translation of* ***On the worship of fetish gods***, The Universoty pf Chicago Press.

Pietz, William, 1985, « Geography, Etymology and Tastes: Charles de Brosses and the Restoration of History », in *L' Esprit créateur*, 25(3)

——, 2005, *Le fétiche : généalogie d'un problème*, Kargo & L'Éclat.

石塚正英、一九九一、『フェティシズムの思想圏』世界書院

杉本隆司、二〇一七、『民衆と司祭の社会学——近代フランス〈異教〉思想史』白水社

田中雅一編・著、二〇〇九、『フェティシズム論の系譜と展望』京都大学学術出版会

——、二〇一四、『越境するモノ』京都大学学術出版会

ド・ブロス、シャルル、二〇〇八、杉本隆司訳『フェティシュ諸神の崇拝』法政大学出版局

ラトゥール、ブリュノ、二〇一七、荒金直人訳『近代の〈物神事実〉崇拝について——ならびに「聖像衝突」』以文社

著者　ウィリアム・ピーツ William Pietz（1951- ？）
アメリカ、マサチューセッツ生まれ。一九八八年、カルフォルニア大学サンタクルーズ校卒、哲学博士。アメリカ科学振興協会、アメリカ宗教学会会員。ピッツァー大学、ジョージタウン大学等で講師を務めるかたわら、ロサンゼルスの緑の党の結成に尽力。著書に、本書のほか、『文化言説としてのフェティシズム』（コーネル大学出版、一九九三年、共著）、『新アジア・マルクス主義』（デューク大学出版、二〇〇二年、共著）。邦訳のあるものとしては、「フェティッシュ」、加藤哲弘・鈴木廣之監訳『美術史を語る言葉――22の理論と実践』（星雲社、二〇〇二年、所収）。

訳者　杉本隆司（すぎもと たかし）
一九七二年生まれ。一橋大学大学院社会学研究科博士課程修了。博士(社会学)。仏ナンシー第二大学DEA課程修了。現在、明治大学政治経済学部講師。著書に『民衆と司祭の社会学：近代フランス〈異教〉思想史』（白水社）、『社会統合と宗教的なもの』(共著、白水社)、『共和国か宗教か、それとも』(同)、訳書にマチエ『革命宗教の起源』(白水社)、コント・コレクション全二巻(同)、ド・ブロス『フェティシュ諸神の崇拝』(法政大学出版局、日仏社会学会奨励賞)他。

フェティッシュとは何か――その問いの系譜

2018年8月15日　第1刷発行

著　者　ウィリアム・ピーツ
訳　者　杉本隆司
発行者　勝股光政
発行所　以文社
〒101-0051 東京都千代田区神田神保町2-12
TEL 03-6272-6536　　FAX 03-6272-6538
http://www.ibunsha.co.jp/
印刷・製本：中央精版印刷

ISBN978-4-7531-0347-8